CB050544

sorvetes artesanais
gelatos e sorbets

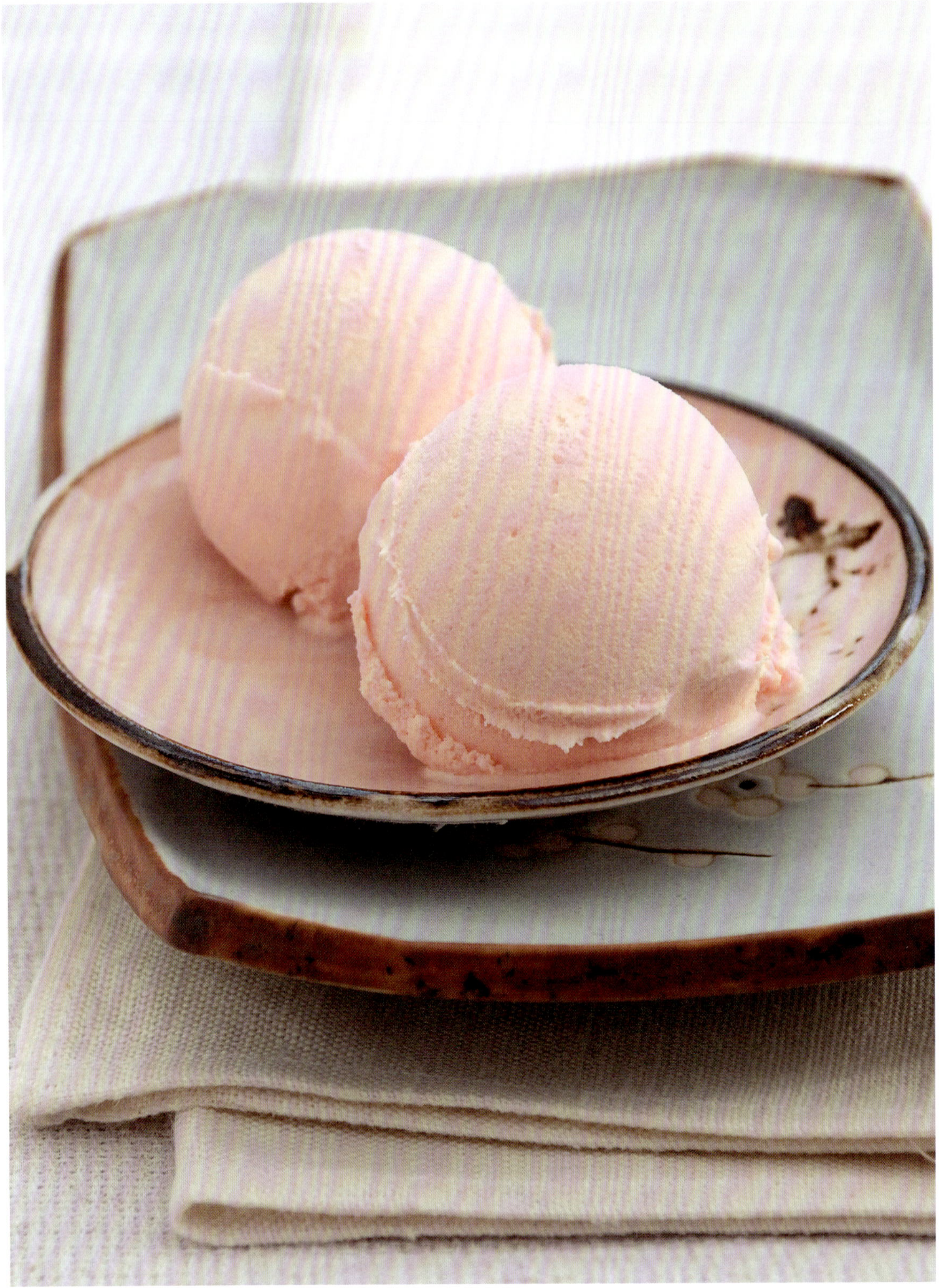

sorvetes artesanais
gelatos e sorbets

45 receitas e técnicas
para criar sobremesas
geladas saborosas

TORRANCE KOPFER

Fotografia de Madeline Polss

Tradução de Luís Henrique Lira da Fonseca

Editora Senac São Paulo – São Paulo, 2015

Administração Regional do Senac no Estado de São Paulo
Presidente do Conselho Regional: Abram Szajman
Diretor do Departamento Regional: Luiz Francisco de A. Salgado
Superintendente Universitário e de Desenvolvimento: Luiz Carlos Dourado

Editora Senac São Paulo
Conselho Editorial: Luiz Francisco de A. Salgado
               Luiz Carlos Dourado
               Darcio Sayad Maia
               Lucila Mara Sbrana Sciotti
               Luís Américo Tousi Botelho

Gerente/Publisher: Luís Américo Tousi Botelho
Coordenação Editorial: Ricardo Diana
Prospecção: Dolores Crisci Manzano
Administrativo: Verônica Pirani de Oliveira
Comercial: Aldair Novais Pereira

Revisão Técnica: Samara Trevisan Coelho
Edição de Texto: Ivone P. B. Groenitz
Preparação de Texto: Mariana Barrozo Garcia
Revisão de Texto: Heloisa Hernandez (coord.), Karinna A. C. Taddeo
Design e Capa: Silke Braun
Fotografia: Madeline Polss
Editoração Eletrônica: Manuela Ribeiro
Impressão e Acabamento: Maistype

Um agradecimento especial a Tina Wright por sua consulta editorial.

Traduzido de:
Making artisan gelato: 45 recipes and techniques for crafting flavor-infused gelato and sorbet at home / Torrance Kopfer.
© 2009 by Quarry Books

Primeira publicação nos EUA por Quarry Books, em 2009, membro da Quarto Publishing Group USA Inc.
100 Cummings Center
Suite 406-L
Beverly, Massachusetts 01915-6101

© Quarto Publishing Group USA Inc.

Sorvetes artesanais: gelatos e sorbets contém uma variedade de dicas e recomendações para se fazer um gelato. Ainda que sejam seguidas todas as recomendações de segurança, é impossível prever o resultado de cada recomendação ou receita. Nem Torrance Kopfer, ou Cold Fusion Gelato Inc., nem a editora Quasyde Publishing Group aceita qualquer responsabilidade financeira, mental ou de dano físico decorrente de conselhos, técnicas, procedimentos ou consumo dos produtos citados neste livro. Os leitores devem fazer uso de seu livre-arbítrio ao aplicar as recomendações deste texto.

Todos os direitos desta edição reservados à
Editora Senac São Paulo
Av. Engenheiro Eusébio Stevaux, 823 – Prédio Editora
Jurubatuba – CEP 04696-000 – São Paulo – SP
Tel. (11) 2187-4450
editora@sp.senac.br
https://www.editorasenacsp.com.br

© Edição brasileira: Editora Senac São Paulo, 2015

Dados Internacionais de Catalogação na Publicação (CIP)
(Jeane dos Reis Passos – CRB 8ª/6189)

Kopfer, Torrance
  Sorvetes artesanais: gelatos e sorbets – 45 receitas e técnicas para criar sobremesas geladas saborosas / Torrance Kopfer; fotografia de Madeline Polss; tradução de Luís Henrique Lira da Fonseca. – São Paulo: Editora Senac São Paulo, 2015.

  Título original: Making artisan gelato: 45 recipes and techniques for crafting flavor-infused gelato and sorbet at home.
  Índice remissivo.
  ISBN 978-85-396-0877-5

  1. Gastronomia 2. Sorvetes (receitas e preparo) 3. Sorvetes artesanais I. Polss, Madeline. II. Título.

15-321s	CDD-641.863
	BISAC CKB024000

Índice para catálogo sistemático:
1. Sorvetes (receitas e preparo)   641.863

sumário

Nota da edição brasileira		7
Introdução		9
PARTE I:	**Os básicos**	10
CAPÍTULO UM:	A história do gelato	12
CAPÍTULO DOIS:	Ingredientes	18
CAPÍTULO TRÊS:	Equipamento	36
CAPÍTULO QUATRO:	Técnicas	48
CAPÍTULO CINCO:	Combinações de sabor	72
PARTE II:	**As receitas**	76
CAPÍTULO SEIS:	Gelato	78
CAPÍTULO SETE:	Sorbets e granitas	136
CAPÍTULO OITO:	Coberturas e caldas	160
Fontes		168
Índice remissivo		170
Agradecimentos		174
Sobre o autor		175
Sobre a fotógrafa		176

DEDICATÓRIA

Para toda a minha família, especialmente para Nola.

nota da edição brasileira

Este livro contém uma variedade de dicas, recomendações e também traz 45 receitas e técnicas para se fazer sobremesas congeladas saborosas.

Na primeira parte, o autor conta a história do gelato e sua evolução ao longo do tempo. São apresentados os ingredientes e equipamentos principais, além de se explicar os requisitos básicos e necessários para a sua preparação. O capítulo de técnicas inclui o passo a passo para executar as receitas constantes no livro. Quando se refere a combinações de sabor, ele inclui sugestões para liberar a sua criatividade na cozinha, estimulando novas experiências gustativas.

Na segunda parte, encontramos as receitas que são trabalhadas desde os sabores mais conhecidos até os menos tradicionais para a elaboração de sobremesas que vão aguçar o seu paladar.
Para adequar as informações ao contexto nacional buscamos referências da legislação da Agência Nacional de Vigilância Sanitária (Anvisa) sobre o assunto, que você encontrará em algumas notas no decorrer do livro.

Com esta publicação o Senac São Paulo oferece aos leitores a possibilidade de criar artesanalmente sobremesas geladas com diferentes combinações de sabor e textura. Delicie-se!

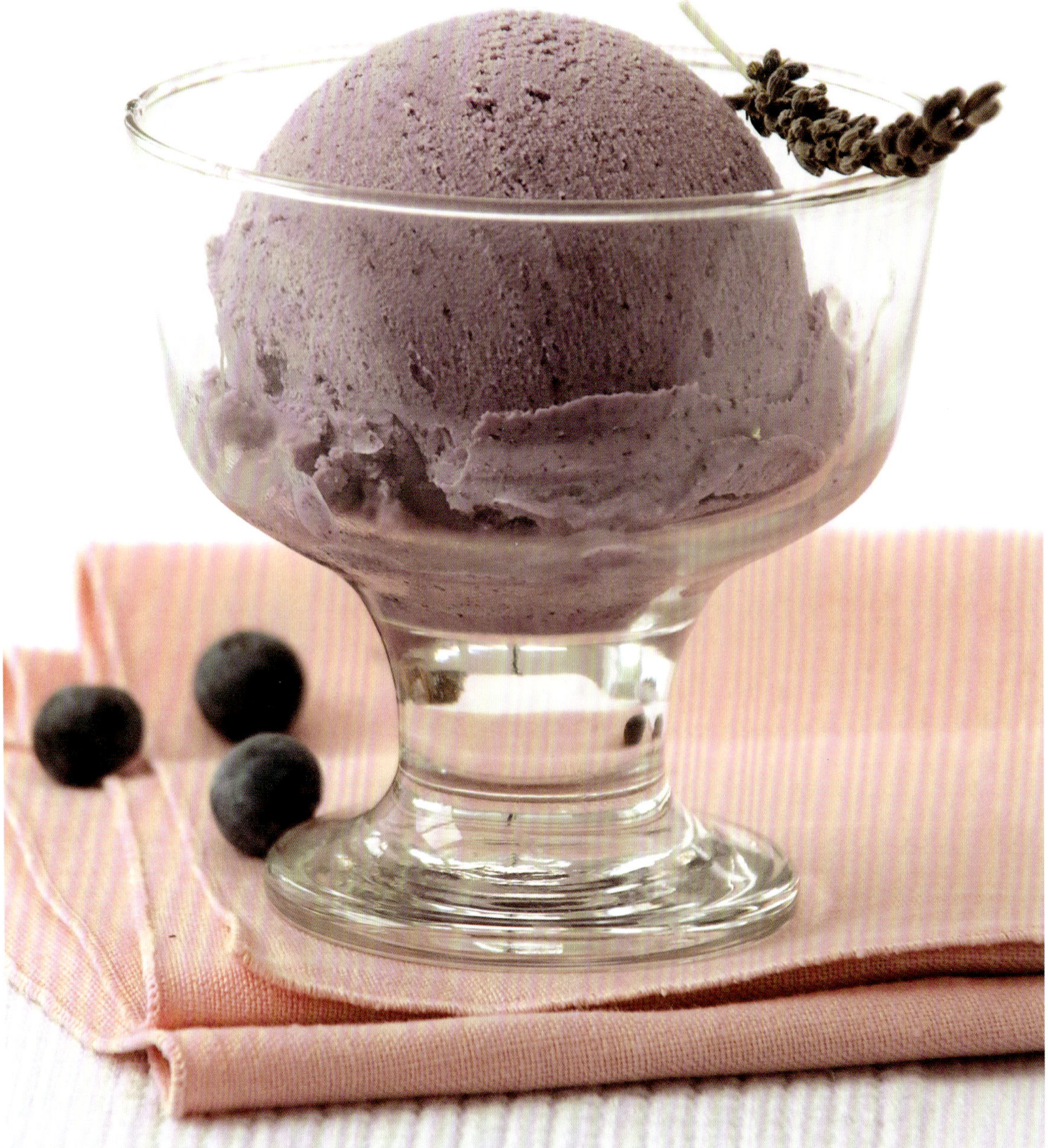

introdução

Com que frequência escutamos atletas, celebridades ou *chefs* contarem a história de como começaram suas profissões? Parece que a história sempre inclui "Durante toda minha vida sempre quis ser"... exatamente o que são hoje. Esse não é o meu caso. Eu não planejava abrir uma gelateria. Quando era mais jovem, estudei para ser músico clássico e o que eu gostava mesmo era de tocar violino. Mais tarde, me matriculei em um conservatório musical em Nova York, onde depois de dois anos estudando para ser violinista e maestro percebi que preferia ser um patrono das artes do que um artista esfomeado. Optei, então, por um diploma em economia, e busquei fazer carreira em Wall Street.

Um dia percebi que estava passando mais tempo em sites de gastronomia e pensando e conversando com pessoas sobre comida do que fazendo meu trabalho. Nesse momento, tomei uma decisão e mudei de profissão: resolvi entrar no mundo da gastronomia.

Comprei uma gelateria já existente em Newport, Rhode Island, pela localização e pelo equipamento que possuía. Imediatamente descartei todas as receitas (havia um motivo para estarem vendendo) e comecei a estudar a fabricação do gelato. Estudei sobre o assunto na Itália e nos Estados Unidos e também li tudo o que pude. Também experimentei muitos gelatos, sorbets e sorvetes, aprendendo a diferenciar o gelato bom do "não tão bom assim". Reabri a gelateria sob meu nome, convenci algumas pessoas importantes a comprarem o meu produto em atacado e, de repente, estava dedicando todo o meu tempo ao negócio.

Agora meu violino basicamente junta poeira enquanto distribuo meu tempo entre escrever, surfar, aprender a pilotar um avião, ser um bom marido e fazer o melhor gelato possível.

Se você gosta de sorvete mas nunca o preparou do zero, espero que este livro sirva de incentivo para que tente. Ao escolher estas receitas, quis incluir as mais familiares, para não intimidar, mas sem deixar de apresentar opções diferentes e menos tradicionais. Os capítulos sobre ingredientes e equipamento explicam todos os requisitos básicos necessários para preparar o gelato, enquanto o capítulo de técnicas inclui instruções passo a passo para os procedimentos principais de qualquer receita de gelato ou sorbet.

O capítulo sobre combinações de sabores inclui minhas sugestões na esperança de lhe dar confiança suficiente para soltar sua imaginação e criatividade na cozinha. Lembre-se, criar um gelato saboroso e refrescante é, acima de tudo, divertido!

A palavra "artesanal" tem sido explorada em demasia por especialistas de marketing mal-intencionados na tentativa de vender produtos inferiores a preços altos. Os valores de um artesão devem influenciar o processo criativo da concepção até a finalização, seja para fazer uma peça de porcelana, seja para um gelato. Artesanal significa não tomar atalhos por mera conveniência e não utilizar ingredientes inferiores para economizar alguns centavos. É decidir colocar qualidade acima de tudo em cada estágio. Se a qualidade for sempre primordial, ela sempre aparecerá no resultado.

–Torrance Kopfer

PARTE I:

os básicos

Antes de começar uma atividade nova, é útil entender as informações mais básicas sobre o assunto. Esta seção contém exatamente essas bases para o preparo do gelato.

O Capítulo 1 começa com uma breve história do gelato, além de um panorama de como esse produto evoluiu ao longo dos séculos. O Capítulo 2 introduz os ingredientes centrais de uma receita básica de gelato, além dos alimentos e produtos usados nas receitas deste livro. Uma vez que os ingredientes forem obtidos, o próximo passo é separar o equipamento necessário para descascar, cortar, pesar, medir ou cozinhar esses ingredientes conforme necessário, o que será explorado no Capítulo 3. O Capítulo 4, finalmente, une ingredientes e equipamento, e dá instruções para transformar ingredientes simples em gelato.

O Capítulo 5 explora os tipos de sabores de gelato que combinam, além de explicar teorias de combinação de sabores e dar dicas de como encontrar combinações menos comuns.

Seja você um cozinheiro experiente ou um iniciante, é recomendado que leia esta seção inteira. Ela lhe dará as bases antes de você cair de cabeça na Parte II, na qual se encontram as receitas.

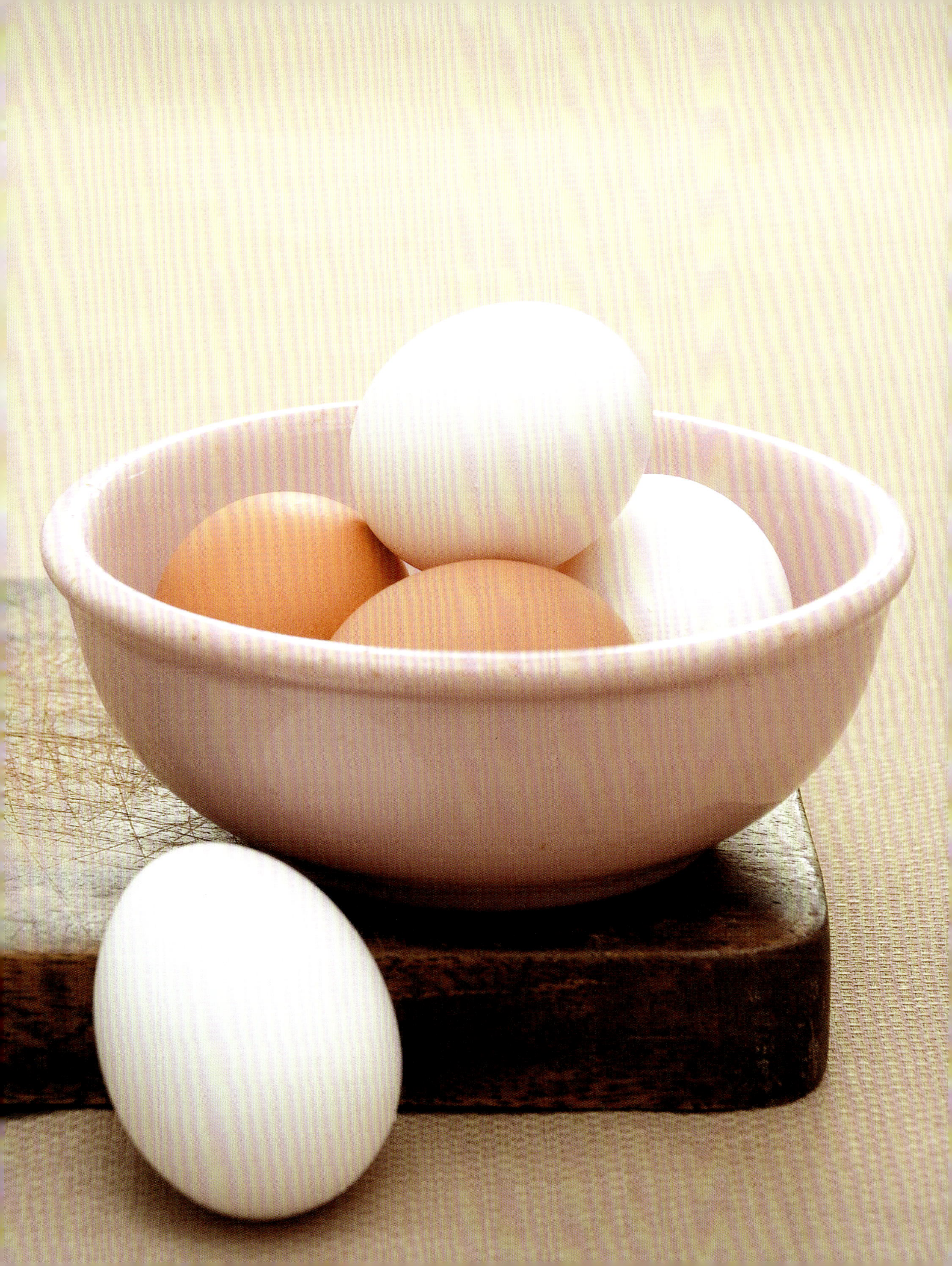

CAPÍTULO UM
a história do gelato

A palavra *gelato* vem do verbo *gelare* do italiano, que significa "gelar". Não é surpresa que atualmente os italianos são considerados os inventores do gelato, pois alguns traços de suas origens apontam para a corte dos Médici, especialmente Catarina de Médici.

Diz a lenda que um granjeiro chamado Giuseppe Ruggieri foi o primeiro a apresentar um *sorbetto* à corte dos Médici em um concurso de culinária. Ele o preparou a partir de receitas antigas quase esquecidas e uma boa dose de sua própria criatividade. Catarina gostou tanto da receita que, em 1533, levou Ruggieri para a França, onde ela se casou com Henrique, o Duque de Orleans, e introduziu a guloseima congelada à nobreza francesa (foi aí que o *sorbetto* passou a ser conhecido como *sorbet*).

Um pouco depois, no mesmo século, Bernardo Buonatali, arquiteto de Florença, aprimorou a criação desenvolvendo um método para congelar uma mistura de zabaione e frutas, e serviu sua especialidade para visitantes italianos e estrangeiros que visitavam a corte dos Médici.

É outro italiano, porém, que recebe os créditos por comercializar sorvete ao final do século XVII. Com a ajuda de uma máquina inventada por seu avô, Procopio dei Coltelli usava gelo e sal para congelar a sobremesa. Ele logo se mudou para Paris, onde abriu uma loja para vender sua versão aprimorada de sorvete, em 1686. Procopio recebeu uma licença especial do rei que lhe dava direitos exclusivos de venda. O Café Procope tornou-se ponto de encontro de intelectuais, e suas sobremesas geladas eram o assunto da cidade.

> **UM GELATO COM OUTRO NOME...**
>
> Enquanto o *sorbet* ou *sorbetto* moderno se refere a uma mistura de água com frutas, referências históricas usam *gelato* e *sorbet* como sinônimos. Na verdade, o termo *gelato* é usado na Itália para qualquer sobremesa congelada, seja à base de leite ou água. Mas de acordo com as definições modernas mais comuns, o *gelato* usa uma mistura à base de leite, enquanto o *sorbet* se refere a *gelatos* sem laticínios, normalmente com sabores de fruta.

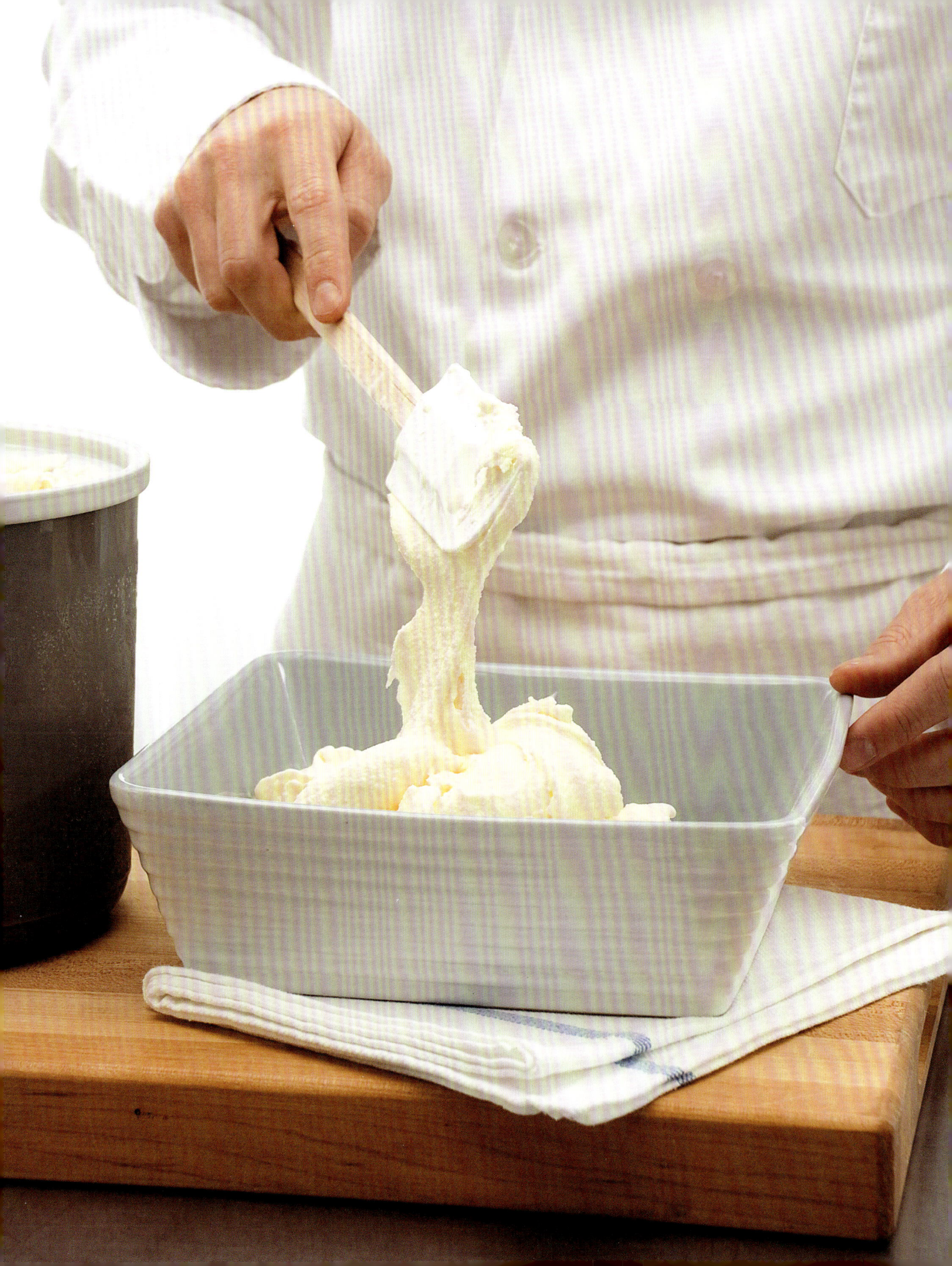

A maioria dos historiadores gastronômicos concordam nessa parte da história do gelato – são os anos anteriores que permanecem obscuros. Alguns alegam que a mistura fria de leite de cabra e gelo dada a Abraão por Isaac no Velho Testamento já seria uma referência ao sorvete. Outros especialistas se baseiam em fatos ainda mais antigos, como em uma receita chinesa de arroz cozido misturado com leite e outros ingredientes e enterrado na neve para congelar. E quanto às indicações de que os faraós egípcios ofereciam a seus convidados cálices cheios de neve com suco de frutas? Ou que o imperador romano Nero Cláudio César enviava escravos às montanhas para trazer neve e gelo para suas bebidas de frutas? Ou que Marco Polo voltou do oriente com uma receita de sobremesa gelada muito similar aos sorvetes à base de água de hoje em dia? Fora isso, onde será que Ruggieri encontrou aquelas receitas antigas e quase esquecidas para sorbets?

Fora isso, é claro que o gelato e o sorbet foram influenciados de diversas formas, levadas à Itália por exploradores, comerciantes e viajantes do mundo todo. A cada nova versão, as receitas e os métodos eram modificados e aperfeiçoados, guiados pelo paladar de cada época, até chegar no que conhecemos hoje. Tanto o gelato quanto o sorbet, como são conhecidos hoje, nunca foram inventados, mas foram evoluindo, seguindo as tradições darwinianas.

O QUE É GELATO?

Na sua essência, o gelato é uma mistura de leite, creme de leite, açúcar, ovos e algum ingrediente de sabor, misturados e batidos enquanto congelam. O gelato é criado da mesma forma que o sorvete, em sua essência, e usa praticamente os mesmos ingredientes. A maior diferença entre os dois é a quantidade de ar e gordura láctea: o gelato possui entre 6% e 8% de gordura láctea, enquanto o sorvete estilo americano possui entre 10% e 16%. Como o gelato possui menos gordura, menos ar é incorporado enquanto ele é batido e congelado em uma sorveteira. Por isso, o gelato possui uma consistência mais densa e cremosa que o sorvete comum.

ZABAGLIONE

O zabaglione (zabaione), chamado também de *sabayon* (francês), é um creme leve cozido em banho-maria enquanto é batido rapidamente para ficar aerado. A receita básica de zabaglione inclui gemas, açúcar e um licor ou vinho doce como o Marsala. Em geral, é servido um pouco quente com frutas frescas.

Ao visitar uma gelateria, você perceberá que o gelato é armazenado em um tipo especial de congelador e em recipientes diferentes dos utilizados para o sorvete comum. Os congeladores são do tipo que usa ar forçado: o ar circula em volta do gelato, mantendo uma temperatura constante e evitando que fique muito duro. Já os recipientes costumam ser travessas retangulares longas e rasas, não os potes grandes e profundos usados para guardar quantidades grandes de sorvete. Uma parte importante na degustação do gelato é consumi-lo o quanto antes após sua fabricação, por isso a maioria das gelaterias produz quantidades um tanto pequenas, para que ele seja armazenado pelo menor período possível antes do consumo.

GELATO EM CASA

Assim como o sorvete convencional, o gelato preparado profissionalmente é muito diferente do feito em casa. Isso ocorre principalmente por causa da máquina utilizada para transformar a base líquida no produto batido e congelado.

Em um laboratório comercial (como as cozinhas de preparo de gelato são chamadas na Itália), essas máquinas (chamadas profissionalmente de "produtoras") podem fabricar de 1,9 a 38 litros de gelato em cerca de 6 a 8 minutos. Mesmo a sorveteira caseira mais avançada não consegue chegar nem perto desse tempo de produção. As produtoras profissionais também retiram o calor das misturas de gelato e

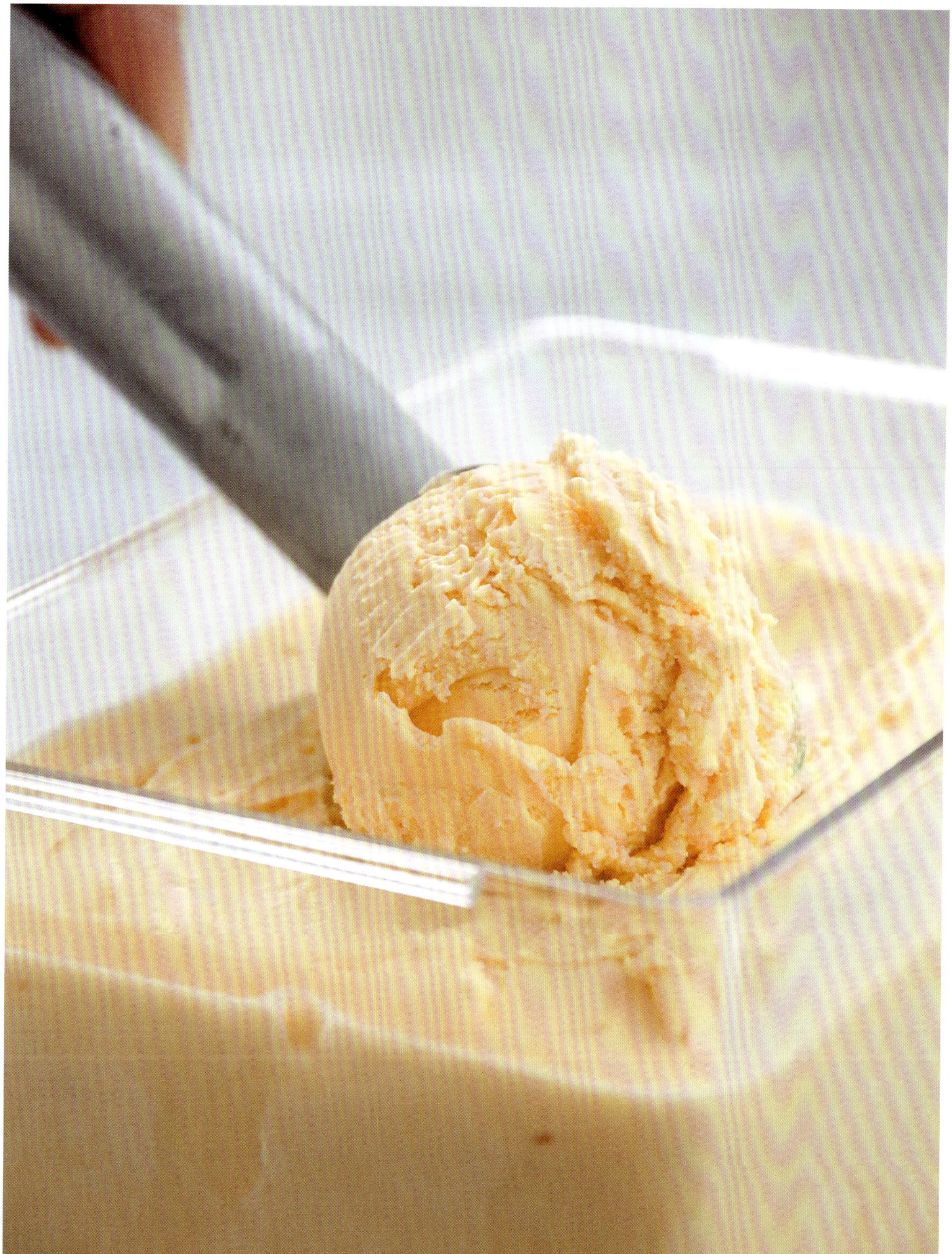

sorbet com muito mais eficiência, o que contribui para o tempo baixo de congelamento. A velocidade com a qual uma máquina profissional congela a mistura do gelato é a razão principal para o gelato caseiro ser tão diferente daquele da sua gelateria preferida.

A duração do processo de congelamento é crucial por um motivo importante: a formação de cristais de gelo e o tamanho deles. Ao preparar gelato e sorvete, o congelamento rápido produz cristais muito pequenos. Quanto menores os cristais de gelo, e quanto mais água estiver congelada quando o gelato sai da máquina, mais "seco" é o resultado final.

Os ingredientes também possuem um papel na diferenciação do gelato profissional em comparação ao caseiro. Empresas fabricantes de sorvete e gelato têm acesso a certos ingredientes que o consumidor não tem, como alguns tipos de açúcar, estabilizantes e emulsificantes de uso comercial. Esses ingredientes ajudam a controlar o congelamento dos cristais e afetam seu tamanho final. Além disso, certos ingredientes ajudam a controlar a qualidade do gelato já pronto, como pectina de frutas, lecitina e gomas vegetais que ajudam a controlar a cristalização da água, fazendo com que o gelato mantenha sua integridade caso seja preparado muito antes do consumo.

O gelato caseiro possui uma vantagem em relação ao profissional: a possibilidade de consumi-lo logo após o congelamento. É nesse ponto que o gelato está na sua melhor forma, pois está o mais fresco possível. Fora isso, esse momento não tem nada a ver com os ingredientes que você pode obter, o tipo de sorveteira que você tem ou quanto tempo levou para prepará-lo – esse momento perfeito depende apenas de você estar presente quando o congelamento terminar e, com uma colher na mão, provar aquele primeiro bocado de gelato. Essa é a melhor parte de fazer gelato caseiro.

Sabendo disso, aqui estão algumas coisas que você pode fazer para melhorar a qualidade do seu gelato feito em casa. Um fator importante para o sucesso é ter certeza de que a mistura está o mais gelada possível antes de colocá-la na sorveteira. Você inclusive pode deixá-la no congelador por quinze a vinte minutos antes de bater, garantindo que esteja bem gelada. Se a sua sorveteira possui pás que podem ser removidas, coloque-as no congelador também. Quanto mais geladas estiverem as partes que entrarão em contato com a mistura na hora de bater, melhor, pois isso fará com que os cristais se formem mais rápido e fiquem menores, produzindo um resultado mais macio.

CONGELAMENTO SECO

A consistência de um gelato ou de um sorbet se refere ao grau de congelamento do conteúdo de água na mistura. Um gelato (ou um sorbet) é considerado consistente quando o máximo dessa água estiver congelado no momento em que sai da máquina. O ideal é que o gelato pronto seja cremoso, sólido e bem firme. Gelato "mais líquido" é aquele que, depois de ser processado na máquina por um tempo estabelecido, ainda não está sólido. Sua aparência é mole e um tanto derretida.

A HISTÓRIA DO GELATO 17

CAPÍTULO DOIS
ingredientes

O que é gelato e do que ele é feito? Embora a resposta possa parecer óbvia, é importante conhecer bem a sua base ou mistura, assim como os diferentes papéis de cada ingrediente no produto final.

Do ponto de vista científico, o gelato é uma emulsão adoçada congelada. Geralmente é feito com uma combinação de líquidos (como leite e creme de leite) que é adoçada com açúcares (como açúcar de cana ou mel) e ganha sabor com quaisquer substâncias agradáveis ao paladar (como morangos ou fava de baunilha). Combinar os ingredientes na ordem correta, com as técnicas adequadas e na proporção certa, ajuda a base (ou mistura) do gelato a reter ar enquanto congela.

> **DICA** › Ambos os termos *base* e *mistura* são usados como referência ao gelato ainda em sua forma líquida, antes de ser colocado na sorveteira.

Os ingredientes mais importantes da base do gelato possuem papéis específicos. Entendê-los é essencial para elaborar uma receita de sucesso. Ao criar uma mistura, duas perguntas devem ser respondidas: quais são os componentes necessários para uma mistura saborosa e como os ingredientes individuais fornecem esses componentes?

Este capítulo responde a essas perguntas primeiramente analisando cinco componentes básicos, depois explorando ingredientes no geral e como eles fornecem alguns ou todos esses componentes ao preparar gelato de alta qualidade. A seção sobre os componentes, consequentemente, possui mais termos técnicos que o restante do capítulo – a ciência por trás de cada um é explicada. Na verdade, entender sobre gelato em âmbito científico não é crucial para prepará-lo com sucesso. Porém, ao entender bem o papel de cada ingrediente, você terá resultados melhores ao experimentar sabores além dos explorados neste livro.

OS CINCO COMPONENTES BÁSICOS

Todas as misturas básicas, seja para gelato, seja para sorvete, contêm cinco componentes principais: água, açúcar, gordura, sólidos e agentes de sabor. Para que o gelato (ou o sorvete, ou o sorbet) se comporte como o esperado ao congelar (ou seja, fique espesso o bastante para segurar o ar, não muito firme ou muito mole, etc.), a mistura precisa conter porcentagens balanceadas de todos os componentes. Uma mistura balanceada deve possuir as seguintes porcentagens: 6% a 11% de gordura; 16% a 21% de açúcar; 30% a 38% de sólidos; o restante da porcentagem é de água e agentes de sabor (ver quadro na p. 20).

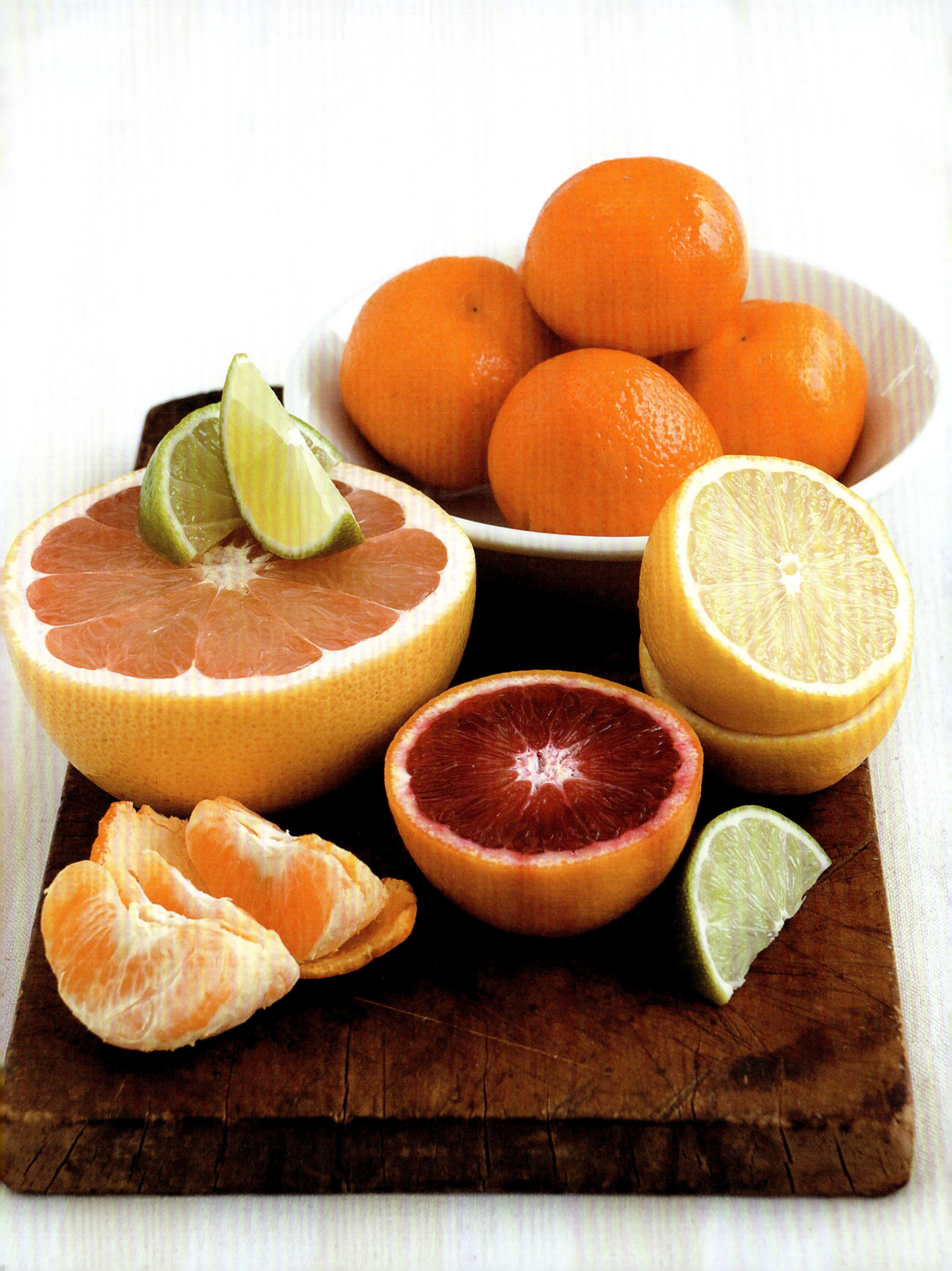

OS COMPONENTES ESSENCIAIS DO GELATO

Gordura	6%–11%
Açúcar	16%–21%
Sólidos	30%–38%
Água/Sabor	30%–48%

Não é preciso ter porcentagens perfeitas de todos os componentes no seu gelato, mas entender os ingredientes no seu contexto melhorará o resultado. Manter o balanço das proporções é o mais importante. Eu as incluí aqui para ilustrar os ingredientes quanto ao papel que eles têm nas categorias mencionadas.

Conteúdo de água

Quase todo ingrediente de um gelato possui um pouco de água. A água não é muito acrescentada em receitas caseiras (a não ser em sorbets), mas é essencial buscar um certo volume de água conforme a mistura ganha forma. Ao preparar a emulsão congelada do gelato, a combinação de água e gordura permite que ar seja incorporado à mistura. Essa mesma combinação segura o ar conforme a mistura congela.

Se algum dos ingredientes possui água em excesso, o desequilíbrio de gordura e água pode dificultar a obtenção de um produto final macio, além de ser mais difícil incorporar o ar.

Uma forma de controlar a porcentagem de água da base é acrescentar mais gordura. A gordura compensa o conteúdo maior de água. Outra solução seria cozinhar os ingredientes líquidos (frutas ou bebidas alcoólicas, por exemplo), para criar uma redução.

Assim como a redução, criar versões concentradas de ingredientes líquidos ajuda a manter uma porcentagem adequada de água. Raspas de frutas cítricas podem ser embebidas e aquecidas com o leite, agregando um sabor cítrico potente sem a necessidade de colocar mais suco, mantendo o equilíbrio da mistura.

BALANCEAMENTO DA ÁGUA

A água é um fator importante para se lembrar ao criar misturas de sabor por conta própria. Por exemplo, para fazer um gelato de laranja, alguns pensariam em usar o suco da fruta. Porém, como o suco é basicamente água, cristais grandes se formariam durante o processo de congelamento, gerando um produto duro e difícil de servir.

Por outro lado, a água funciona de uma forma completamente diferente na elaboração de sorbets. Por definição, um sorbet é composto por fruta, água e açúcar. Sem água para afinar o purê de fruta, os componentes ficariam desbalanceados e a mistura congelaria de forma muito sólida, sem que fosse possível bolear.

No sentido horário, começando por cima: açúcar turbinado, demerara, mascavo claro, mascavo escuro e refinado comum.

Açúcar

O açúcar realça o sabor, melhora a textura e a palatabilidade do gelato, além de frequentemente ser a fonte mais acessível de sólidos (isso tudo, claro, além do seu papel de adoçar a mistura, colocando o gelato na categoria de sobremesa). O outro papel do açúcar é abaixar o ponto de congelamento da mistura. Água congela a 0 °C. O gelato, por causa da adição de açúcar, congela a uma temperatura abaixo de 0 °C, o que permite que permaneça boleável em temperaturas mais frias sem que se transforme em um bloco de gelo.

Outro papel importante do açúcar é aumentar a potência de certos ingredientes. Despejar açúcar sobre framboesas pouco saborosas e deixá-las de molho por algum tempo fará com que fiquem com sabor mais maduro em questão de minutos.

O açúcar pode vir de diversas fontes. O leite possui açúcares naturais (lactose, especificamente), e as frutas também têm açúcares que participam do processo. Em sua maior parte, nenhum desses açúcares é muito importante no ambiente doméstico (comparado ao ambiente comercial), mas é bom lembrar deles no momento da sua criação.

A maior parte dos ingredientes adoçantes (que, para os propósitos deste livro, se referem principalmente ao açúcar) varia de 16% de doçura, nas receitas menos doces, a cerca de 21% (porcentagem de açúcar por peso na mistura como um todo). Em um ambiente artesanal profissional, e definitivamente no ambiente doméstico, a maioria desse açúcar vem do açúcar refinado comum. Se o açúcar constitui 16% a 21% do peso total da receita, os outros 79% a 84% são formados por água, outros sólidos (frutas, etc.), sólidos do leite e gordura. Lembre-se, porém, de que essa não é uma regra rigorosa – há espaço para variação nessas porcentagens no âmbito doméstico.

Gordura

Vou direto ao assunto – este livro é sobre gelatos deliciosamente cremosos e saborosos. Uma coisa ótima do gelato é que, embora ele seja tão delicioso a ponto de parecer ser muito gorduroso, leva menos gordura do que o sorvete comum. Compare um gelato de verdade com uma versão sem gordura e perceberá imediatamente por que ela é importante! Não faz diferença se estiver fazendo sorvete ou gelato, um certo teor de gordura é necessário – não há o que fazer. Uma regra boa é "tudo com moderação" (uma alternativa menos gordurosa é o sorbet, que é naturalmente sem gordura).

A gordura no gelato (ou no sorvete) é o que dá a textura rica, espessa e cremosa. Além disso, ela ajuda a transmitir sabores lipossolúveis e melhora o sabor do gelato de uma forma geral. Outro papel da gordura é ajudar a criar e manter a emulsão que garante que a mistura congelará da forma desejada. As moléculas de água ficam suspensas com as moléculas de gordura, estabilizando a mistura e permitindo que a emulsão prenda o ar à medida que é batida. O ar contido dá volume conforme a mistura é congelada e transforma-a em gelato. Ao criar uma receita para gelato ou sorvete, é importante criar uma mistura que segurará o ar conforme é batida, enquanto congela simultaneamente. A presença da gordura na mistura ajuda muito nesse processo.

Por último, a gordura também ajuda a evitar que o gelato fique granuloso por diminuir o crescimento excessivo dos cristais de gelo.

A gordura do gelato pode vir de vários ingredientes: castanhas e óleos de castanha, outros agentes de sabor, além de basicamente laticínios e ovos.

Sólidos

Os sólidos não são um componente necessariamente intuitivo das sobremesas congeladas, mas possuem um papel vital. A definição de sólido é um tanto autoexplicativa: é qualquer coisa que não seja gordura ou água. O açúcar é considerado fonte de sólidos puros (isto é, praticamente 100% de sólidos), enquanto frutas, castanhas, especiarias e mesmo o leite contribuem com a porcentagem de sólidos de alguma forma.

Os sólidos na mistura melhoram a textura do gelato pronto; agregam corpo e aquela textura gostosa de mastigar que sorvete e gelato podem ter. Essa textura, chamada de *mouthfeel* (sensação na boca) no âmbito profissional, determina a sensação do gelato na sua boca – macio, cremoso, gelado, granulado, etc. Além disso, assim como a gordura, os sólidos ajudam o gelato a conter o ar conforme é batido e congelado.

EXPERIMENTANDO COM SÓLIDOS

Entender o papel da gordura e dos sólidos ajuda ao testar novos sabores e ingredientes, pois podem fazer muita diferença no resultado. Por exemplo, se decidir mudar um pouco uma receita trocando o ingrediente principal de sabor, o gelato pode ficar duro como uma pedra. O motivo desse resultado indesejável pode ser simplesmente o excesso de sólidos na mistura. Conhecer o papel dos sólidos permite que você ajuste sua receita.

DICA › O ar que é incorporado e contido pela mistura durante o processo de congelamento é chamado de *overrun* em termos técnicos.

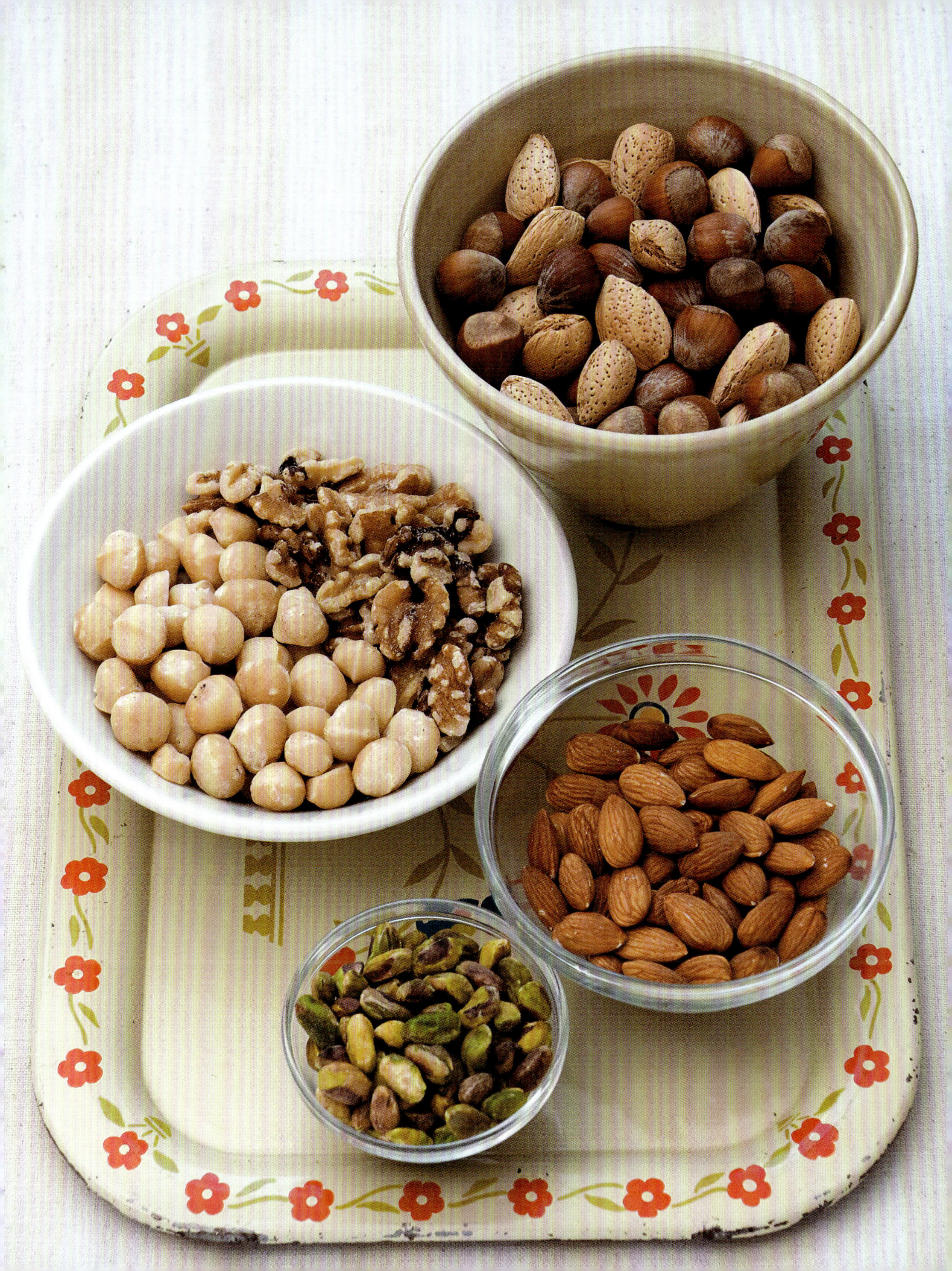

Sabores incomuns que você não cogitaria para sobremesas dão um sabor agradável ao gelato.

Agentes de sabor

Um agente de sabor é simplesmente qualquer coisa que dê sabor ao gelato. Esses agentes podem vir de frutas, extratos, especiarias, chás, entre vários outros. Qualquer coisa com sabor próprio pode ser utilizada.

Encontrar métodos apropriados de acrescentar agentes de sabor é uma questão de entender o que é o sabor, onde e como ele é encontrado, e então determinar a melhor forma de extraí-lo do seu meio original e incorporá-lo à mistura do gelato. Isso pode ser feito preparando um purê do ingrediente, deixando-o de molho no leite ou no creme, ou usando extratos naturais, por exemplo.

A criatividade começa a ser utilizada quando você precisa decidir como extrair o sabor da fonte original e passá-lo ao gelato. Como passar o sabor único de bergamota de um chá Earl Grey, por exemplo, a um gelato? Moer as folhas do chá e adicioná-las diretamente na mistura pode dar uma textura pouco apetitosa. Em vez disso, os saquinhos do chá podem ser deixados de molho no leite que será utilizado na base.

Lembre-se de que o agente de sabor não apenas agregará o sabor desejado, mas provavelmente também trará um certo conteúdo de sólidos (sem falar de mais água, dependendo do sabor final e dos ingredientes utilizados para obtê-lo).

COMPONENTES ESSENCIAIS DO GELATO

Uma vez que os componentes (ou blocos essenciais) da base do gelato foram compreendidos, a maneira como cada ingrediente contribui com eles pode ser explorada. Embora possa parecer apropriado distribuir os ingredientes de acordo com suas respectivas "famílias" – frutas, laticínios, ovos, etc. –, imaginar cada ingrediente em uma categoria fixa traz algumas complicações.

Cada ingrediente contém diversos componentes, logo tem vários papéis. O leite, por exemplo, traz muitas categorias à base: ele contém água, gordura láctea, açúcar e sólidos – cada um é um componente encontrado em uma mistura completa. O papel do leite no gelato é, portanto, bem complexo. Relacionar cada ingrediente aos seus componentes e papéis ajuda a decifrar o equilíbrio e a química da mistura do gelato propriamente dita.

> **DICA ›** Ao comprar ingredientes – para qualquer receita, não apenas o gelato –, siga esta regra de ouro: qualidade acima de tudo. A qualidade dos ingredientes está diretamente relacionada à qualidade do sabor.

Componentes dos ingredientes básicos

A tabela a seguir possui uma lista dos ingredientes mais típicos para gelato e indica os componentes – ou traços – principais que eles acrescentam à mistura.

	Água	Açúcar	Gordura	Sólido	Agente de sabor
Bebida alcoólica	X	Possível			X
Chocolate		X	X	X	
Nibs de cacau					X (como inclusão)
Cacau em pó			X	X	X
Xarope de milho	X	X		X	
Creme de leite fresco	X	X	X	X	
Ovos	X		X	X	
Frutas	X	X			X
Leite	X	X	X	X	
Castanhas			X	X	
Sal				X	
Creme azedo	X		X		
Especiarias					X
Açúcar		X		X	

Bebida alcoólica

Bebidas alcoólicas podem dar um toque elegante ou ousado a sobremesas geladas. Também podem ser bons veículos de sabor.

Acrescentar álcool, porém, fará com que o produto final fique mais macio, pois abaixa o ponto de congelamento da mistura. O mesmo ponto de congelamento baixo, que permite que você gele vodca no congelador, evita que o gelato fique com a mesma firmeza em determinada temperatura. A não ser que o álcool seja evaporado por cozimento durante o preparo, o gelato ficará mais macio graças a essa qualidade. Isso pode ser útil em gelatos que tendem a ficar mais duros, como sabores com base de chocolate. Se houver álcool demais, porém, o gelato (ou o sorbet) simplesmente não congelará.

> **DICA** › Ao escolher uma bebida alcoólica para adicionar às receitas, procure uma que possa ser apreciada por conta própria como bebida e que seja de qualidade relativamente boa. Não estrague uma deliciosa receita gelada caseira com um uísque de qualidade inferior. Porém, claro, não hipoteque sua casa para comprar uma garrafa de Château Petrus de 1947 para fazer um sorbet de amoras com cabernet (caso você realmente considere comprar uma garrafa de Château Petrus, esteja avisado: qualquer coisa fina assim seria desperdiçada com a adição de amoras!).

Chocolate*

Com tantas marcas e qualidades de chocolate disponíveis, infinitas variações de gelato podem ser criadas. Há três tipos principais de chocolate: branco, ao leite e amargo. Entre esses tipos, escolher uma marca depende do seu gosto pessoal e de ela possuir as propriedades necessárias para cada receita.

CHOCOLATE BRANCO

Por muito tempo o chocolate branco não era considerado chocolate, pois é feito de ingredientes diferentes do chocolate "de verdade": manteiga de cacau pura e açúcar. Alguns chocolates brancos possuem baunilha ou aroma de baunilha, o que dá seu sabor clássico. Chocolate branco é agora considerado oficialmente chocolate (pelo menos de acordo com os padrões americanos do Food and Drug Administration – FDA) quando seu conteúdo de manteiga de cacau não é inferior a 20% do seu peso total.

CHOCOLATE AO LEITE

É diferenciado pela adição de leite e não possui um sabor forte de cacau como o chocolate amargo. Em qualquer receita deste livro, ele pode ser utilizado no lugar do chocolate amargo se você preferir um resultado menos intenso e mais adocicado. O chocolate ao leite, dependendo do fabricante, possui entre 32% e 45% de chocolate (ou semente de cacau), ultrapassando outros ingredientes como açúcar, lecitina e baunilha.

CHOCOLATE ESCURO

O chocolate escuro é normalmente chamado de amargo. Esses chocolates são mais escuros e possuem um sabor mais intenso. Existem variedades mais doces e outras mais amargas que podem ser intercambiadas, e as mais amargas dão mais sabor de chocolate. O chocolate amargo normalmente possui entre 52% e 99% de cacau.

CHOCOLATE NÃO ADOÇADO**

O chocolate não adoçado é chocolate escuro 100% puro sem adição de outros ingredientes. Esse tipo de chocolate agrega um sabor intenso de chocolate amargo a qualquer receita.

CHOCOLATE PARA COBERTURA

Este tipo de chocolate costuma ser mais acessível e inclui outros ingredientes como gordura ou óleos vegetais, que não são encontrados no chocolate puro. Gotas de chocolate podem ser consideradas parte desta categoria. Esses produtos de chocolate são criados para cumprir um papel mais comum no universo culinário e, portanto, podem passar outros sabores para o gelato que podem ser desejados ou não.

De cima para baixo: chocolate ao leite, chocolate escuro, chocolate branco e chocolate para cobertura.

*No Brasil segue-se a norma adotada pela Anvisa, conforme Res. RDC nº 264/2005: http://portal.anvisa.gov.br/wps/wcm/connect/5e63cd804745929d9afede3fbc4c6735/RDC_264_2005.pdf?MOD=AJPERES (N.T.)
**Ibidem (N. T.)

Nibs de cacau.

Vários tons de cacau em pó.

> **A GUERRA DO CHOCOLATE**
>
> Às vezes, usamos cacau em pó em vez de chocolate, pois ele dá mais sabor sem incluirmos tanta manteiga de cacau (gordura) quanto há no chocolate comum. A escolha de usar um ou outro está diretamente relacionada ao equilíbrio geral da mistura. Embora o cacau em pó possua qualidades desejáveis, também possui desvantagens – se usado em quantidades muito grandes, pode agregar sólidos demais, assim como gerar um sabor farinhento (em vez do sabor de chocolate puro).
>
> Sob hipótese alguma (a não ser que seja uma situação de vida ou morte) você deve usar achocolatado em pó como substituto para cacau em pó. Esses preparados costumam ter açúcar, entre outras coisas, em sua composição, e não possuem o sabor de chocolate delicioso que é obrigatório em um gelato de chocolate!

Nibs de cacau

Nibs de cacau são pedacinhos de semente de cacau e possuem sabor intenso. São pequenos, crocantes e podem ser acrescentados ao gelato para agregar amargor e crocância com sabor de chocolate.

Cacau em pó

Sempre use cacau em pó de boa qualidade. Pó de cacau processado pelo método holandês possui um sabor mais profundo, mas nenhuma das receitas neste livro que pedem por cacau em pó serão prejudicadas se você utilizar um tipo mais simples. Cacau de processo holandês é o pó de cacau que foi tratado para combater sua acidez natural, deixando-o um pouco mais neutro (cacau que não seja de processo holandês pode ter um sabor ácido ou adstringente desagradável). Se o pó de cacau for de processo holandês (não costuma aparecer na embalagem), você encontrará bicarbonato de sódio na lista de ingredientes.

Xarope de milho

Xarope de milho é um açúcar invertido, ou seja, uma molécula de sacarose que foi alterada para que as moléculas de frutose e glicose sejam separadas. Isso costuma acontecer com a introdução de algum ácido durante o processo de aquecimento. Açúcares invertidos costumam possuir um maior poder de adoçamento que o açúcar normal ou refinado. Dessa forma, se um gelato fosse preparado com açúcar comum e outro com a mesma quantidade de açúcar invertido, o segundo ficaria um pouco mais doce. Açúcar invertido também possui uma maior capacidade anticongelamento. Resumindo, a mesma quantidade de açúcar invertido em comparação com o açúcar comum deixará o produto mais macio e mais doce em qualquer temperatura.

Sempre que uma receita pedir por xarope de milho, use o xarope claro, não o escuro, a não ser que seja pedido.

Xaropes de milho e mel.

Creme de leite fresco

O creme de leite* costuma ser a forma mais frequente de obter a quantidade de gordura desejada no gelato. Há vários tipos de creme de leite, diferenciados pelo teor de gordura láctea. O tipo *half-and-half* pode conter entre 10,5% e 18% de gordura; o mais leve, entre 18% e 30%; o próprio para bater chantilly, entre 30% e 36%; e o creme com alto teor de gordura, a partir de 36%.

Creme de leite pasteurizado é aquele que foi aquecido até atingir 83°C por um minuto e foi então resfriado. O ultrapasteurizado é aquecido até atingir 110°C por um segundo e então resfriado.

> **DICA ›** Um segredo que fabricantes de sorvete podem não querer que você saiba: alguns sorvetes industrializados recebem adição de manteiga pura. Essa decisão não é tomada pelo impacto no sabor: a manteiga é uma gordura mais barata do que o creme de leite.

Leite integral e creme de leite com alto teor de gordura.

*Classificação para o creme de leite, segundo a Anvisa: Portaria 146/1996: http://www.sfdk.com.br/imagens/lei/MA%20-%20 Portaria%20146.htm (N. T.).

Ovos

Gemas eram originalmente usadas em sorvetes e gelatos por suas propriedades estabilizantes e emulsificantes. Hoje em dia, outros ingredientes são utilizados profissionalmente, como a carragena e a goma guar, que são mais eficientes e encontradas com facilidade. Para uso doméstico, porém, estabilizantes industriais não são muito adotados (ou necessários); assim, ovos ainda são utilizados, por alguns motivos.

O mais importante é a quantidade de proteína. Quando um ovo é aquecido, suas proteínas são desnaturadas, criando cadeias mais longas de moléculas e, portanto, filamentos proteicos maiores. Isso, por sua vez, engrossa o ovo, assim como toda a mistura à qual ele foi acrescentado. Essa ação espessante ajuda o gelato a conter o ar conforme bate e congela. Se a base não for espessa o bastante, a sorveteira terá dificuldade em fazer com que ela retenha o ar que está sendo incorporado durante o processo.

Ovos também contêm lecitina, um emulsificante natural que ajuda a unir líquidos de forma estável. Isso ajuda a retardar a tendência natural que as emulsões têm de se separar, deixando-as mais estáveis. Logo, de certa forma, a lecitina é um agente estabilizante natural. Por último, gemas são uma fonte importante de sólidos para a base do gelato.

No que diz respeito à segurança alimentar, ovos comprados comercialmente costumam ser muito seguros. Porém, para aliviar qualquer preocupação de cozinhá-los o bastante, ou para se sentir completamente seguro, você pode comprar ovos que foram pasteurizados ainda dentro da casca.

DICA › Derivados de leite são alimentos muito propícios à proliferação de bactérias, já que são ambientes muito nutritivos. Para evitar bactérias na sua mistura, certifique-se de que ovos e laticínios atinjam uma temperatura mínima de 74 °C ao cozinhar o creme da base. Essa temperatura deve matar a grande maioria de qualquer bactéria que esteja presente (nesses momentos um termômetro culinário se torna muito útil).

Leite

Leite é o ingrediente primário de quase todos os gelatos, não o creme de leite com alto teor de gordura encontrado com frequência no sorvete americano. O leite contém água, açúcares e gorduras naturais e alguns sólidos. As receitas deste livro que pedem leite devem ser preparadas sempre com leite integral. É possível (embora não recomendado) usar leite desnatado ou com menor teor de gordura, mas o gelato ficará mais granuloso e menos macio, pois o leite que não é integral não possui quantidade suficiente de gordura. No caso de preocupação com intolerância à lactose, é possível usar leite sem lactose, desde que possua o mesmo teor de gordura por porção que o leite integral. Além disso, há gotas de enzima que podem ser colocadas no leite para que ele fique mais digerível pelos intolerantes à lactose. Contudo, lembre-se de que, como a lactose é um açúcar, pode ser necessário acrescentar 1 ou 2 colheres de sopa (13 g a 26 g) de açúcar para manter as propriedades anticongelamento.

Se quiser evitar completamente o uso de laticínios, é possível usar leites como os de arroz e de soja. Nesse caso, porém, a receita precisará de ajustes para compensar a falta de gordura. Acrescentar uma a três gemas e até mesmo um pouco de amido de milho (cerca de duas colheres de chá – 9 g) ajudará a engrossar a mistura. O amido de milho deve ser incorporado às gemas ao preparar o creme.

COMPENSANDO OS LATICÍNIOS COM POUCA GORDURA

O maior desafio em trocar leite ou creme de leite em uma receita é engrossar a mistura e manter a sensação cremosa na boca. Como grande parte dessa sensação vem da gordura contida nos ingredientes da receita, seria necessário pensar em como substituir essa função: quais ingredientes ou componentes podem ser incorporados no lugar do leite ou do creme de leite? O leite de soja possui um pouco de gordura e mais viscosidade que o leite integral normal, então é uma opção viável. Óleos naturais de castanhas podem ajudar a aumentar o teor de gordura (se o sabor da castanha combinar com o sabor do gelato).

Frutas

Ao usar frutas frescas, é essencial que estejam muito, muito maduras. Não devem estar apodrecendo, claro; certifique-se apenas de que estejam gorduchas, macias ao toque e, dependendo do tipo de fruta, bem perfumadas. Deve estar claro que a fruta está saborosa e suculenta. Frutas são perfeitas para gelatos e sorbets quando estão quase maduras demais.

Embora o frescor seja sempre melhor, se for para escolher entre frutas frescas não maduras e frutas congeladas, opte pelas congeladas.

> **DICA** › Se você não tiver acesso a frutas bem maduras (ou se a fruta desejada estiver fora de época), uma boa alternativa é usar frutas congeladas. Embora possa soar estranho, frutas congeladas tendem a ser as mais maduras disponíveis no mercado. Isso porque, na maioria dos casos, as frutas foram colhidas o mais maduras possível, logo, estavam muito maduras para serem transportadas sem congelar.

Castanhas

Castanhas usadas em gelatos (ou qualquer preparo de qualidade) devem ser frescas. Infelizmente, castanhas rançosas possuem a mesma aparência das frescas por fora. Portanto, prove-as – é a única forma de ter certeza. Coloque uma na boca e morda: se você ficar com vontade de cuspir imediatamente, provavelmente está rançosa e as outras devem ser testadas. Se houver algumas castanhas rançosas na porção, há uma chance grande de que a maioria, se não todas, esteja também (ou estará em breve).

Todas as castanhas estão sujeitas a estragar, algumas mais facilmente que outras. Nozes-pecã, macadâmias, nozes e avelãs são as mais suscetíveis por conterem mais óleo que suas parentes menos oleosas, como amêndoas e amendoins.

Se for comprar castanhas em quantidades grandes, procure um fornecedor que esteja habituado a vender toneladas delas e possua bastante rotatividade, para garantir que não sejam velhas ou que fiquem rançosas pouco depois da compra. Armazenar castanhas na geladeira ou no congelador aumenta sua vida útil.

Sal

Embora muitas receitas neste livro peçam sal, isso não quer dizer que o gelato ficará salgado. O sal realça certos sabores e você só precisa de uma pitada. Sal kosher é melhor que sal comum: ele possui uma estrutura cristalina maior e mais solta, além de uma salinidade menor, o que é mais seguro na hora de cozinhar, já que não há tanto risco de salgar demais. Embora sal comum funcione, por ele ser mais salgado que o sal kosher certifique-se de usar um pouco menos do que a receita pede.

> **USANDO SAL**
>
> O sal pode ser colocado no gelato ou no sorbet antes de servir para criar uma combinação interessante de doce e salgado. Tente encontrar sal com cristais maiores e flocados, mas cuidado com a quantidade. Deve haver apenas um toque de sensação doce/salgada.

No sentido horário, começando por cima: sal defumado, sal marinho negro, sal kosher e sal marinho grosso.

Em sentido horário, começando pelo canto inferior esquerdo: curry em pó, bagas de cardamomo, canela em pau e pimenta chipotle moída.

Creme azedo

Ao escolher um creme azedo para uma receita, procure o que tiver o menor número de ingredientes. Você também pode usar *crème fraîche** se encontrar. Lembre-se, porém, de que o *crème fraîche* dará um sabor mais rico, mais redondo e menos ácido ao gelato do que o creme azedo. O creme azedo com baixo teor de gordura pode ser utilizado, mas acrescentará um pouco de água à mistura (embora não o bastante para causar muita preocupação).

Especiarias

Assim como as castanhas, o frescor é importante. Conforme as especiarias envelhecem, elas perdem sabor e pungência. É importante buscar qualidade e não comprar quantidades grandes se não for usar em um curto espaço de tempo. Compre menos e troque com frequência. Procure também armazenar especiarias em um local fresco e escuro. É tentador guardá-las próximas ao fogão, mas esse não é um bom local, pois tende a ser mais quente. Guardar especiarias no congelador retarda o processo de envelhecimento, dependendo do quão voláteis forem seus óleos.

Açúcar

Na maior parte das receitas deste livro, o açúcar refinado comum é o adoçante preferido. Geralmente, o açúcar usado por padeiros caseiros é extraído da cana-de-açúcar. O açúcar de beterraba pode ser usado se a região é das que produz beterrabas para esse fim. Do ponto de vista do fabricante de gelato, o açúcar de beterraba funciona exatamente como o de cana. Açúcar orgânico também pode ser usado, e seu uso não deve causar mudanças drásticas no sabor ou no processo de congelamento. Qualquer variação de sabor no uso do açúcar orgânico é relacionada ao grau de refinamento dele.

> **CORES DIFERENTES DE AÇÚCAR**
>
> Ao preparar um gelato, você também pode usar açúcar mascavo claro, escuro ou demerara. A maior diferença entre eles é a adição de melaço, que normalmente é removido durante o processo de refinação. O açúcar demerara e o mascavo claro ainda possuem melaço, logo o gelato possuirá um pouco desse sabor. O açúcar mascavo escuro recebe uma adição extra de melaço, que agrega um sabor ainda maior ao produto final. Usar qualquer um desses tipos de açúcar afetará o sabor no gelato pronto, portanto, é uma questão de gosto pessoal utilizá-los ou não.

Complementos

Complementos são quaisquer ingredientes que são misturados ao gelato antes do término do processo de congelamento na sorveteira. Uma dica profissional: congele todos os complementos antes de acrescentá-los. Quando você acrescenta complementos em temperatura ambiente, eles derretem o gelato em contato direto com eles. Essas bordas congelam novamente formando grandes cristais de gelo, afetando a textura final do gelato pronto.

> **DICA ›** Especiarias e ervas inteiras podem ser colocadas de molho no leite ou no creme de leite antes de serem utilizadas no gelato. Leve 1 a 2 xícaras (240 mℓ a 475 mℓ) de creme de leite de qualquer tipo à fervura. Retire do fogo e acrescente 3 a 6 colheres de sopa (18 g a 26 g) da especiaria ou cerca de 85 g a 170 g da erva fresca ao creme de leite aquecido. Mexa, cubra e deixe de molho por 30 minutos. Coe para retirar as ervas ou as especiarias. O creme saborizado pode ser utilizado na base de um gelato para dar um sabor específico.

*Terminologia francesa para um tipo de produto pasteurizado e maturado, obtido por desnatação do leite, que deve conter, pelo menos, 30% de gordura e 12% de creme de leite fresco.

CAPÍTULO TRÊS
equipamento

Preparar gelato ou sorbet em casa não deveria requerer um investimento gigantesco em equipamento. Na verdade, boa parte dos itens menores, como peneiras, facas e copos de medidas, você já deve ter na sua cozinha. Se for investir em equipamento novo, pesquise bem antes. Embora a regra geral seja comprar itens de melhor qualidade possível, dependendo do seu orçamento, um comprador esclarecido logo aprende de onde e como "se adaptar". Copos de medida, por exemplo, podem variar muito de preço, dependendo do modelo. A durabilidade dos copos, a precisão e a facilidade para ler as medidas são mais importantes do que o custo. Uma faca de boa qualidade, porém, vale seu peso em ouro.

Este capítulo explora a maioria dos equipamentos necessários para fazer gelato. O maior gasto que alguém que se inicia nessa área terá é comprar a sorveteira. Felizmente, há muitas opções disponíveis hoje em dia, dependendo da necessidade, da preferência e do orçamento.

SORVETEIRAS

Ao pesquisar sorveteiras, há três estilos não profissionais disponíveis.

À moda antiga

Um dos estilos mais fáceis de encontrar e simples de usar é o que segue o método antigo, com a parte externa de plástico ou madeira e um balde de metal por dentro. O manual de instruções de qualquer máquina sempre entra em mais detalhes de como ela funciona, mas aqui estão alguns pontos básicos: a mistura do sorvete é colocada no balde de dentro. O batedor (a parte com as pás que batem e incorporam ar à mistura conforme ela congela) é inserido e tudo isso é então encaixado no balde externo. Você acrescenta gelo e sal grosso em quantidade suficiente no balde externo, rodeando o balde interno completamente. Esses baldes costumam suportar até 3,8 ℓ.

Dependendo da marca da máquina, o cabo do motor é ligado em uma tomada ou o batedor é girado manualmente por uma manivela. Qualquer um dos dois inicia o processo de agitação. Conforme o motor (ou você) gira o batedor por dentro, o cilindro é girado manualmente, ar é incorporado ao produto e você finalmente obtém o sorvete.

O benefício dessa máquina à moda antiga não é apenas o preço acessível, mas a qualidade do sorvete que você consegue fazer em casa, que é considerável, contanto que haja gelo e sal em quantidade suficiente.

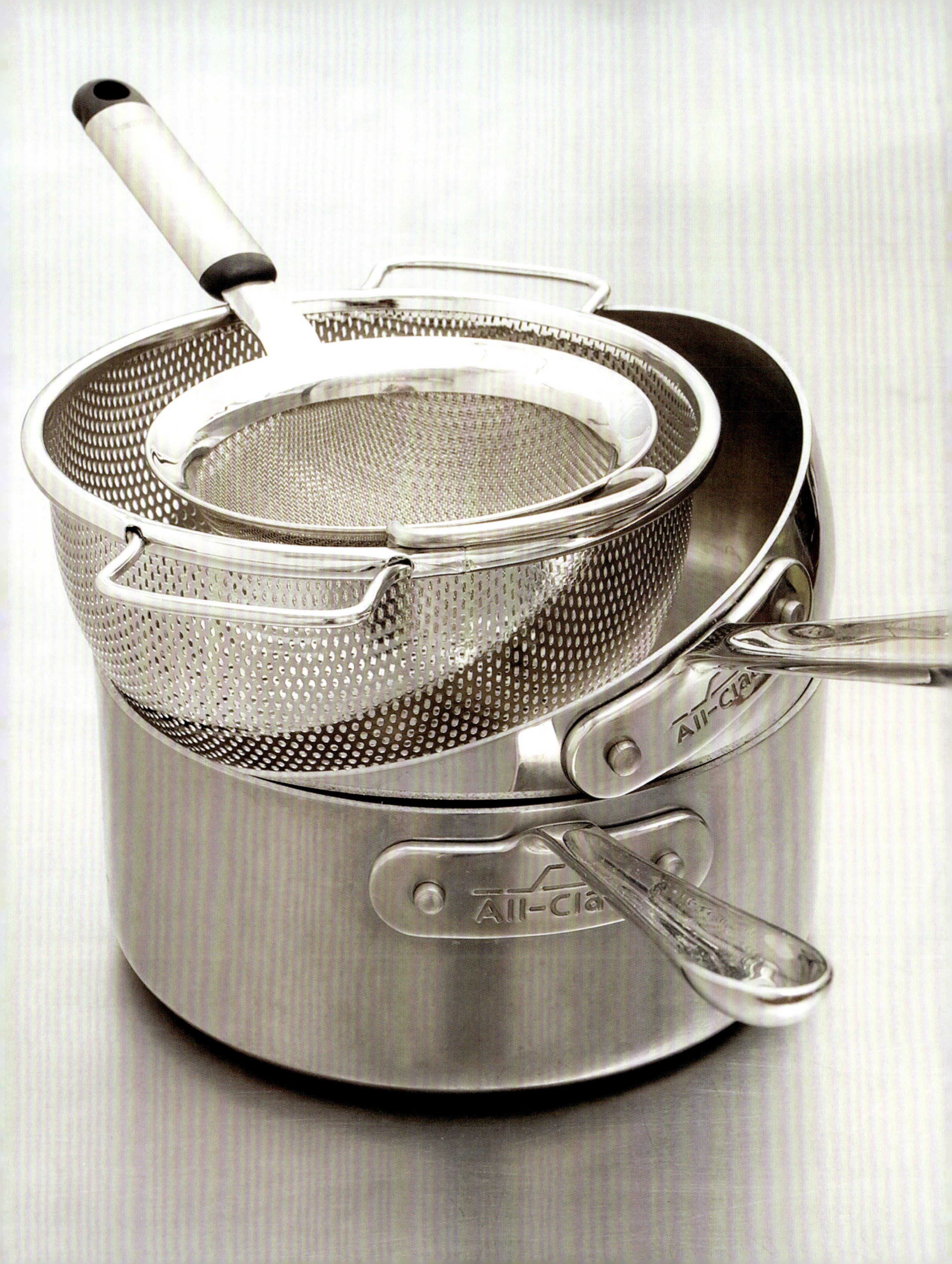

Os pontos negativos são o batimento manual e o tempo que leva para a mistura congelar. Muitas pessoas devem estar dispostas a ajudar no processo para realmente obter um sorvete benfeito. A versão elétrica, porém, é barulhenta e o motor pode queimar se não for usado com atenção: o motor não consegue mais girar o batedor depois que o sorvete endurece e, se a máquina não for desligada imediatamente, o motor queimará.

> **POR QUE SAL GROSSO?**
>
> Colocamos sal grosso no gelo para deixar sua temperatura abaixo do ponto de derretimento normal, o que permite que a mistura do gelato realmente congele. Por causa de sua composição, misturas de sorvetes e gelatos não congelam a 0 °C como a água – precisam de uma temperatura bem mais baixa. Colocar sal no gelo cria uma salmoura mais gelada que 0 °C, então a base do gelato consegue congelar.

À esquerda: máquina italiana de gelato; à direita: sorveteira padrão.

Cilindros pré-congelados

O tipo mais encontrado de sorveteira à venda hoje em dia possui um cilindro que precisa ser pré-congelado antes de receber a mistura. O cilindro possui uma parede dupla, preenchida com um líquido que, depois de congelado completamente, permanece gelado por bastante tempo. Em geral, a máquina é montada com o batedor acoplado. O cilindro congelado é inserido, a máquina é ligada e a mistura de gelato ou sorbet é despejada enquanto a máquina funciona. Se a mistura é despejada no cilindro congelado sem ligar o motor, ela congelará tão rápido que o motor não será forte o bastante para virar o batedor, estragando o processo.

Esse tipo de sorveteira é popular por ser relativamente acessível e fácil de operar. Lembre-se, com esse modelo é necessário espaço suficiente no *freezer* para congelar o cilindro. Você só conseguirá fazer uma receita de gelato a cada 24 horas, pois o cilindro descongela toda vez que é utilizado e precisa congelar completamente mais uma vez antes de ser reutilizado. Não há como cortar caminhos nesse processo a não ser que você possua um congelador que atinja temperaturas extremamente abaixo do congelamento. O cilindro precisa estar congelado por completo para que a mistura de gelato ou sorbet congele na sorveteira. Logo, pode ser difícil produzir vários sabores ou quantidades grandes para uma festa, a não ser que você adquira vários cilindros.

Congeladores integrados

Outro tipo de sorveteira inclui um sistema integrado de congelamento. Essa é a opção mais conveniente, pois várias levas de gelato podem ser preparadas enquanto houver uma fonte de energia disponível para criar uma fonte infinita de refrigeração – não é necessário um cilindro pré-congelado. Infelizmente, além de ser a opção mais cara, esse modelo pode ser pesado e trabalhoso de transportar, além de ocupar um espaço considerável na sua bancada. Também não é fácil de limpar, já que você não pode colocar o reservatório dentro da pia.

Sorveteiras profissionais

Em comparação com as que encontramos para o ambiente doméstico, sorveteiras profissionais possuem motores muito potentes e compressores enormes, proporcionais ao tamanho da máquina. Esses motores controlam o batedor, que gira dentro do cilindro que contém a mistura do gelato, permitindo que o ar seja incorporado conforme a mistura congela. A velocidade com a qual esse processo ocorre faz com que a mistura congele de forma eficiente e rápida. Sorveteiras profissionais grandes também costumam ser resfriadas por água, o que as torna mais eficientes, já que a água transmite calor mais rápida e eficientemente que o ar.

PACOJET®: O *CRÈME DE LA CRÈME* DOS SORVETES

Se você já tomou sorvete em um restaurante chique, ele pode muito bem ter sido feito com uma máquina profissional de alto nível, disponível quase que exclusivamente para *chefs*, como uma Pacojet®. A base ou mistura é preparada e, então, diferentemente de quando usamos uma sorveteira tradicional, é congelada completamente em um recipiente especial. O recipiente cheio de mistura congelada é então inserido na máquina.

Um braço similar a um carretel mas com muitas lâminas pequenas na ponta gira em uma velocidade muito alta e raspa a mistura congelada para obter a consistência de sorvete.

Os *chefs* gostam dessa máquina pois ela pode ser utilizada tanto para preparos salgados quanto doces, e permite que você faça uma porção por vez em vez de uma quantidade grande, garantindo frescor absoluto.

Diversas peneiras e panelas de fundo grosso.

PANELA

Gaste um pouco mais de dinheiro para comprar uma panela de boa qualidade, com fundo grosso. Quanto mais pesada a panela, mais uniforme será a distribuição de calor. Isso não apenas reduz o risco de queimar ou ferver ao aquecer leite e creme de leite ou ao preparar o creme para a base do gelato, mas uma panela bem fabricada dura a vida inteira.

PENEIRA

Encontrada em diversos formatos e tamanhos, é recomendável possuir pelo menos duas – uma de malha média e outra de malha fina. É sempre melhor usar uma peneira um pouco maior do que uma muito pequena ou com malha muito fina, que dificulta a passagem da mistura. Geralmente, é mais fácil passar uma mistura por uma peneira com malha arredondada do que com malha cônica. Um cabo pesado e de qualidade é essencial para que a peneira não dobre quando estiver cheia.

LIQUIDIFICADOR

Há dois tipos de liquidificador: de bancada ou de imersão. O de bancada possui um copo alto com tampa que fica sobre uma base com o motor e os controles. Os ingredientes são colocados dentro do copo e, quando a máquina é ligada, as lâminas da base do copo giram, picando e batendo a mistura de baixo para cima até que fique homogênea.

Esses modelos costumam possuir motores potentes e são melhores para fazer purês de ingredientes mais densos, como frutas.

Um liquidificador de imersão, chamado *mixer*, é um aparelho portátil que é colocado dentro da mistura a ser batida. Ele vem ganhando popularidade por sua praticidade. O bom desse tipo de liquidificador é que é pequeno, leve e fácil de transportar. Pode ser utilizado para homogeneizar creme de confeiteiro que ainda está sendo cozido. A maior desvantagem é que o motor dos *mixers* não é muito potente, então o volume e o tipo de produto que pode ser batido são mais limitados.

PROCESSADOR DE ALIMENTOS

O processador de alimentos é similar a um liquidificador e pode possuir um motor ainda mais potente, sendo às vezes a melhor opção para picar ou fazer purês; eles possuem várias opções de lâmina, um recipiente mais curto e mais largo, que permite que o produto tenha mais acesso à lâmina ao picar ou bater, e uma abertura no topo, pela qual você pode acrescentar ingredientes ou produtos sem que o processo seja interrompido. Além disso, é fácil de trocar a lâmina no meio do processo de bater. A maioria dos processadores suporta mais volume que liquidificadores, então são melhores para receitas maiores.

À esquerda: processador de alimentos; à direita: liquidificador; na frente: *mixer*.

PASSADOR

Pode ser usada para fazer purês de frutas e vegetais. Para utilizá-lo, o alimento é colocado dentro do recipiente e a manivela é girada até que toda a porção tenha passado pela malha. As telas são intercambiáveis e disponíveis em vários tamanhos de malha. Ao trocar as telas a cada vez que os ingredientes são passados, comece da malha mais grossa à mais fina, até atingir a consistência desejada.

OUTROS EQUIPAMENTOS PEQUENOS

Uma cozinha bem equipada para fazer gelatos também deve conter equipamentos menores. Muitos deles, como colheres de medida, espátulas e batedores, são considerados utensílios de cozinha obrigatórios, enquanto outros, como balanças, raladores e espremedores de suco, podem ser considerados úteis, mas não essenciais.

Escumadeira chinesa

Perfeita para tirar frutas de dentro da água fervente ou de um banho de gelo. Sua cesta levemente arredondada é maior do que uma colher grande e sua malha de arame ou aço inoxidável escoa todo o líquido indesejado. Se você não encontrar esse utensílio em uma loja de equipamentos de cozinha, tente obtê-lo por um fornecedor de restaurantes chineses.

Passador

Da esquerda para a direita: batedor do tipo balão, fouet, escumadeira chinesa, espátulas do tipo pão-duro e colher de pau*.

*No Brasil não é recomendado pela Anvisa o uso de utensílios domésticos de madeira ou com cabos de madeira (N. T.).

Espátula do tipo pão-duro

Espátulas são importantíssimas para misturar, cozinhar e raspar misturas dentro de tigelas e outros recipientes. Invista em uma espátula boa e resistente à temperatura (como uma feita de silicone). Você deve ter espátulas de vários tamanhos, embora as mais largas costumem ser mais versáteis do que as menores e mais estreitas.

Batedor

Há dois tipos básicos de batedores de arame, ou *fouets*, no mercado: o estilo francês ou o em forma de balão. O francês é mais longo e estreito. O de balão é mais arredondado. Por causa do seu formato, o batedor tipo balão é utilizado quando você precisa de mais ar na sua mistura. No caso das receitas deste livro, recomendamos um batedor tipo francês, já que não é necessário incorporar muito ar às bases de gelato e sorbet. A escolha do material do cabo (metal, plástico ou outro material) é pessoal.

Colher de pau

Assim como os batedores e as espátulas, as colheres de pau são obrigatórias na cozinha. São ótimas para mexer caldas, misturar massas e, mais importante, preparar cremes. Colheres de pau podem ser encontradas em diversos tamanhos e formatos, das quase planas às mais profundas e arredondadas. Se for comprar apenas uma ou duas, prefira um modelo que não é muito plano nem muito arredondado, e que seja confortável de segurar.

Faca

É importante ter uma faca afiada de boa qualidade. Ela não é crucial para a fabricação do gelato em si, mas será útil quando for preparar frutas e outros ingredientes. Como regra geral, o preço de uma faca profissional está diretamente relacionado à qualidade. Portanto, compensa gastar um pouco mais em uma faca melhor. Uma faca boa terá um cabo pesado e sólido e uma lâmina também pesada na mão. É importante segurar a faca e praticar seu manuseio antes de comprá-la. Não se sinta intimidado por uma lâmina longa e afiada. Se a faca for confortável e couber bem na sua mão, é improvável que você se corte por descuido.

As duas facas mais versáteis (pelo menos para estas receitas) são a faca do *chef* de 20 ou 25 cm e uma faca de legumes. A faca do *chef* é perfeita para tarefas maiores, como remover o miolo de um abacaxi e picar chocolate, e a faca de legumes pode ser usada para o preparo de qualquer outra fruta ou ingrediente, desde raspar as sementes de uma fava de baunilha a descascar um pêssego. Lembre-se de manter suas facas limpas e afiadas!

Faca do *chef* grande e faca de legumes pequena.

Tigelas de vidro em vários tamanhos.

Tigelas

Tigelas podem ser feitas de vários materiais, como vidro, aço inox, plástico, entre outros. Tigelas de aço ou vidro são boas condutoras de calor ou frio; um creme despejado em uma tigela de aço sobre um banho de gelo resfriará muito mais rápido do que se despejado em um recipiente de plástico. Tigelas de vidro permitem ver a mistura enquanto você mexe.

Raladores e descascadores

Até certo ponto, todos eles fazem a mesma coisa: removem a casca ou a pele de frutas e vegetais. O que os diferencia é o grau de espessura atingido.

O ralador faz raspas finíssimas da casca de frutas ou vegetais, ou do que você quiser ralar. Mais recentemente, os raladores Microplane® têm se tornado os preferidos: é um tipo de ralador que raspa quantidades muito pequenas do que é ralado. Eles são muito afiados, então tome cuidado para não cortar seus dedos sem querer. Procure por um com cabo firme,

DICA › Aqui está um truque para evitar que sua tigela saia do lugar enquanto você bate uma mistura: umedeça uma toalha de mão e, se necessário, esprema o excesso de água. Torça-a, formando uma espiral, e coloque ao redor da base da tigela, encaixando bem o fundo dela. A umidade da toalha evitará que a tigela escorregue pela bancada (colocar um suporte de silicone para panelas sob a tigela funciona da mesma forma).

que pareça sólido o bastante para aguentar a pressão durante o processo.

Outro tipo de ralador é usado quando você precisa de raspas finas e longas. Conhecido como *zester*, ele parece um garfo com pequenos cilindros afiados na ponta. Esses furinhos são pressionados contra a casca e arrastados pela fruta enquanto se aplica pressão constante, cortando a camada superior.

O ralador em forma de caixa é bem comum e em geral possui 4 superfícies diferentes que variam o tamanho e o volume do ingrediente ralado. Ele fica de pé em uma bancada (ou tábua de corte) e pode suportar uma certa quantidade de pressão e empurrões durante o processo.

O descascador é um utensílio manual usado quando pedaços grandes da casca de uma fruta ou de um vegetal precisam ser removidos. Existem estilos longos e estreitos, curtos e largos. As lâminas tendem a perder o fio rapidamente, o que faz com que o descascador escorregue, portanto procure deixá-lo sempre afiado.

Espremedor

Suco fresco é sempre melhor do que o concentrado ou as polpas congeladas, desde que a fruta esteja na época e o mais madura possível. Espremedores modernos e caros não são necessários para as quantidades pequenas pedidas nas receitas deste livro. Espremedores manuais funcionam bem o bastante, são acessíveis e fáceis de usar e limpar. Podem exigir um pouco mais de esforço físico, mas os resultados valem a pena. Lembre-se de coar o suco recém-espremido para remover partículas indesejadas, como sementes.

À esquerda: espremedor manual; à direita: ralador Microplane®

Atrás: copos de medida de vidro para líquidos; na frente, à esquerda: copos de medida de metal para secos; na frente, à direita: colheres de medida de metal.

Copos e colheres de medida

Há dois tipos de copos de medida: para os ingredientes secos e para os líquidos. Cada um facilita a mensuração de quantidades precisas. Copos para ingredientes secos são feitos de metal ou plástico e parecem panelinhas com cabos longos. São utilizados para medir ingredientes como farinha e açúcar, além de permitir uma medida precisa de duas formas. Primeiramente, o ingrediente pode ser pego com o próprio copo, eliminando o trabalho de preenchê-lo, o que criaria o risco de incluir mais peso do que o desejado. Em segundo lugar, a borda é usada para nivelar o ingrediente, diminuindo o risco de pegar quantidades acima ou abaixo do desejado.

Medidores de líquidos são úteis para todos os ingredientes líquidos e parecem com canecas grandes e largas com uma alça do lado. A maioria é feita de vidro ou plástico transparente e inclui medidas imperiais e métricas impressas do lado de fora. Como são transparentes, é fácil de medir com precisão os ingredientes apenas enchendo o copo até a linha desejada.

Conjuntos de colheres de medida podem ser feitos de metal ou plástico e normalmente medem de ⅛ de colher de chá a 1 colher de sopa (0,6 mℓ a 15 mℓ). São utilizados para medir quantidades pequenas de ingredientes líquidos ou secos.

Balança de cozinha

Chefs profissionais preferem usar balanças a copos e colheres de medida pelo simples motivo de que elas são mais precisas em medir ingredientes de forma consistente. Duas pessoas podem medir uma colher de farinha em um copo de medida e provavelmente ambas terão pesos diferentes, simplesmente pela maneira diferente de pegar a farinha com o copo. Porém, as mesmas duas pessoas podem pesar cada uma 500 g de farinha em uma balança e ambas terão 500 g de farinha. Como essa imprecisão se aplica também ao volume, receitas profissionais quase sempre usam medidas em peso.

Se for investir em uma balança, a mais versátil é uma digital que meça unidades métricas e imperiais.

Termômetros

Pelas mesmas razões que *chefs* usam balanças por sua precisão, usam também termômetros para garantir que os ingredientes estão cozidos no ponto certo.

Termômetros digitais de leitura instantânea são convenientes e fáceis de ler. Existem muitos modelos simples e acessíveis. Termômetros tradicionais de cozinha à base de mercúrio funcionam ao ser inseridos no líquido do cozimento e esperando um tempo para que a temperatura seja registrada. O termômetro instantâneo mede a temperatura em segundos, então nunca atrapalhará o preparo ou os outros procedimentos, como mexer o creme sem parar enquanto cozinha.

Termômetros de açúcar são úteis para caldas e caramelos. A maioria deles são formados por um termômetro de vidro em uma armação metálica. Para usá-los corretamente, coloque-os no centro da mistura e aguarde vários minutos antes de ler para que a temperatura seja precisa. Sempre guarde-os em pé, jamais deitados em uma gaveta, pois podem perder a calibragem.

Recipientes de armazenamento

Sempre tenha por perto um recipiente ou uma travessa que possa ir ao congelador para endurecer o gelato recém-preparado. Isso significa colocar uma travessa, uma tigela ou um recipiente de plástico ou vidro, com uma tampa apropriada, no congelador para gelar com antecedência. Como esse recipiente estará bem gelado quando você despejar o gelato ou sorbet, pouco ou nenhum derretimento de superfície ocorrerá com o contato.

CAPÍTULO QUATRO
técnicas

Dominar estes procedimentos e estas habilidades permite que *chefs* e cozinheiros amadores testem e criem suas próprias receitas. Depois que entender os métodos básicos para criar o que estiver preparando, você ficará menos preso a receitas escritas. Receitas utilizam diversas técnicas culinárias que ditam como os ingredientes serão combinados para atingir um certo resultado. A má execução de uma técnica importante pode resultar em um produto final diferente do desejado, logo, eu gostaria de incentivá-lo a ler esta seção com cuidado e seguir as instruções com o máximo de precisão. Com o tempo e a prática, as técnicas demonstradas aqui se tornarão instintivas e serão facilmente incorporadas a outras áreas do seu repertório culinário, além dos gelatos e dos sorbets.

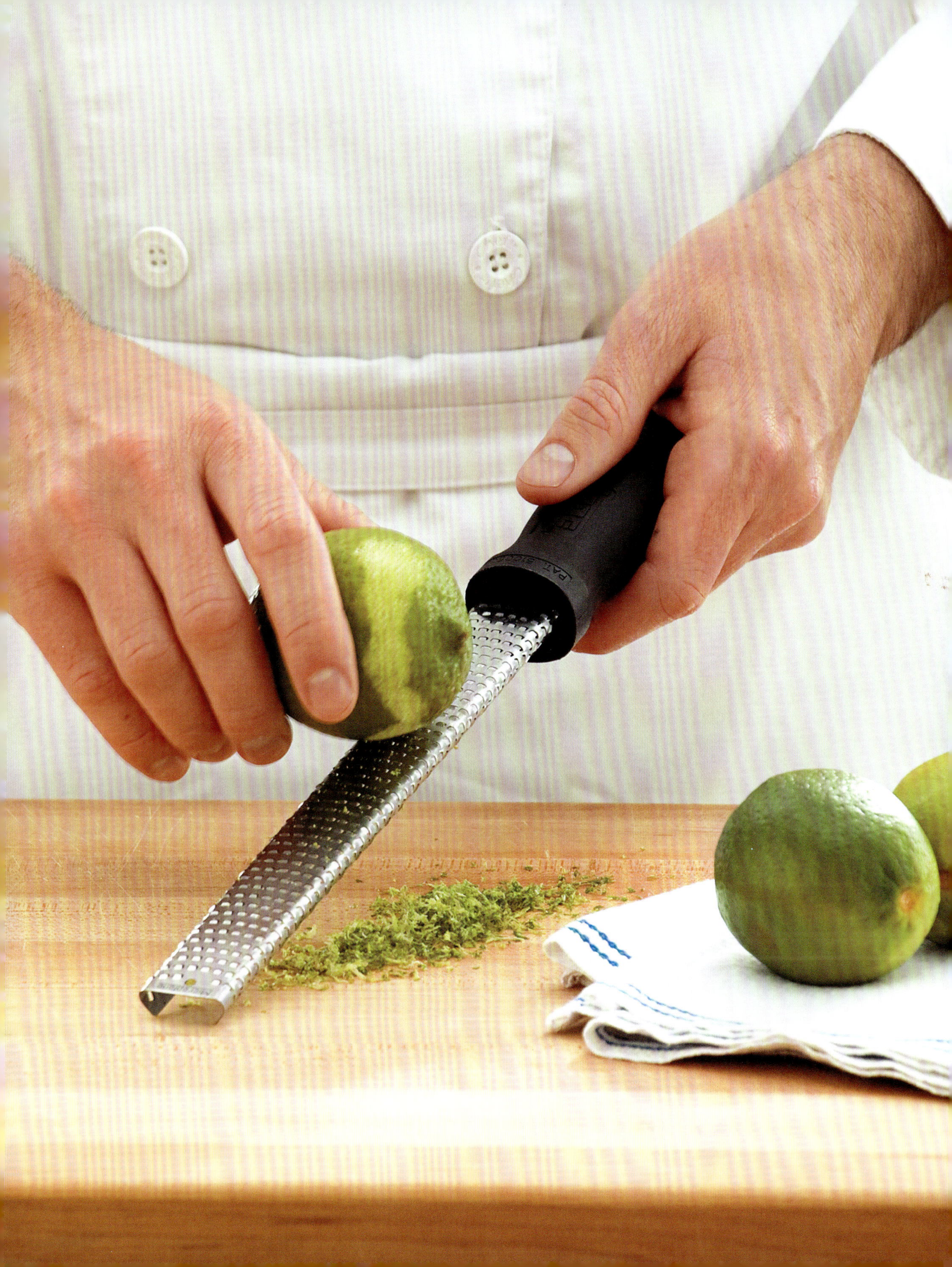

Banana não madura, perfeitamente madura e madura demais.

MELHORANDO O SABOR DE FRUTAS NÃO MADURAS

O sabor das frutas que ainda não estão tão maduras quanto deveriam pode ser melhorado com uma técnica simples chamada maceração. Coloque um pouco do açúcar pedido na receita sobre a fruta, misture com cuidado e deixe descansando da noite para o dia antes de fazer o purê. Isso realçará o sabor da fruta e aprimorará o sabor final do produto.

Macerar a fruta com açúcar cria um xarope que pode ser colocado no gelato ou no sorbet, dando um sabor mais intenso de fruta. Quando a fruta está perfeitamente madura, os açúcares naturais estão muito bem desenvolvidos. Nos tempos atuais de envios internacionais de mercadorias todos os dias, a não ser que a fruta seja comprada direto do pomar e na época certa, sua qualidade não será necessariamente das melhores. A maior parte das frutas é colhida ainda verde o bastante para aguentar o transporte e o armazenamento antes de chegar ao supermercado. Como os açúcares naturais nunca tiveram a chance de se desenvolver adequadamente, a maceração imita o processo natural de amadurecimento.

A CIÊNCIA DO AMADURECIMENTO

Frutas não maduras podem ser amadurecidas depois de colhidas. O grau de amadurecimento possível, porém, é diretamente proporcional à quantidade de amido natural na fruta. É por isso que bananas, que possuem mais amido, amadurecem muito depois da colheita, enquanto as frutas cítricas não. Para acelerar esse processo, coloque a fruta em um saco de papel, coloque uma maçã junto e dobre a parte de cima do saco para fechá-lo. As maçãs liberam um gás (etileno) que ajuda no amadurecimento. Isso funciona bem com bananas e abacates.

MACERANDO FRUTAS COM AÇÚCAR

Coloque um pouco de açúcar sobre as frutas.

Misture com cuidado e deixe descansar da noite para o dia.

Frutas vermelhas

As frutas vermelhas mais comuns são morangos, framboesas, amoras, mirtilos e cranberries. Antes de fazer o purê, essas frutas devem ser bem enxaguadas, para retirar quaisquer traços de sujeira ou pesticidas, depois escorridas. Para enxaguar, apenas coloque-as em um escorredor sob água corrente fria, sacudindo-o levemente para que a água lave todas as frutas.

Frutas com sementes

Embora todas as frutas possuam sementes, no que diz respeito a estas receitas chamamos de frutas com sementes aquelas que as possuem no centro de suas polpas, como melões, mamões e uvas. Ao preparar frutas como melão ou mamão, nas quais as sementes são grandes e fáceis de acessar, corte a fruta ao meio, retire as sementes com uma colher grande e descarte-as. Corte a metade em pedaços. A polpa deve ser separada da casca e cortada em cubos. Descarte a casca e reserve apenas a polpa para fazer o purê.

Ao preparar um purê de uva, use uvas sem sementes para economizar tempo e se livrar de um preparo trabalhoso. Se a única opção for usar uvas com sementes, corte cada uva ao meio e retire as sementes com a ponta de uma faca. Uvas podem ser descascadas ou não, dependendo da textura final desejada para o seu gelato ou sorbet. Deixar as cascas dá mais textura ao produto final (descascar uvas é também um trabalho extremamente longo e cansativo).

PREPARANDO FRUTAS PARA UM PURÊ

Tipos diferentes de fruta precisam de preparos diferentes antes de serem processados. Algumas frutas possuem sementes ou caroços que precisam ser retirados, outras possuem casca ou pele. Se você não souber como preparar uma fruta, a regra geral é: retire qualquer parte da fruta que normalmente não é comida. Se não é saboroso cru, não ficará saboroso no gelato ou no sorbet.

DICA › Embora seja tentador simplesmente bater em um liquidificador as uvas inteiras, com sementes e tudo, e depois coar o líquido, fazer isso mói as sementes, liberando um sabor muito amargo e desagradável.

PREPARANDO FRUTAS COM SEMENTES

Corte a fruta inteira ao meio.

Retire as sementes do centro com uma colher.

Separe a polpa da casca.

Fatie ou corte a polpa em cubos.

Frutas com caroço

Frutas com caroço são todas aquelas que possuem um caroço duro que não pode ser consumido. Fazem parte desse grupo pêssegos, damascos, ameixas, nectarinas e cerejas.

Frutas com caroços menores, como cerejas, não precisam ser descascadas. Você pode retirar os caroços das cerejas com um descaroçador especial ou com a ponta de uma faca depois de cortá-las ao meio.

Para retirar o caroço de frutas como damascos, pêssegos, ameixas e nectarinas, insira uma faca de legumes afiada na fruta até que atinja o caroço.

Segure a fruta com uma das mãos e gire-a com cuidado para que a faca corte ao redor do caroço, segurando a faca firmemente com a outra mão. Gire a fruta até voltar ao ponto inicial e retire a faca. Segure a fruta firmemente com as duas mãos e gire cada metade na direção oposta da outra para separá-las; o caroço permanecerá em uma das metades. Dependendo do quão madura estiver a fruta, pode ser necessário girar as metades para frente e para trás um pouco antes de torcer de vez, para soltar um pouco a polpa do caroço. Retire-o com uma colher ou faca e descarte-o.

PREPARANDO FRUTAS COM CAROÇO

Insira a lâmina de uma faca de legumes afiada na fruta até atingir o caroço.

Gire a fruta com cuidado, com a faca sempre no caroço.

Gire as mãos em sentidos opostos, partindo a fruta em duas metades.

Retire o caroço com uma colher ou faca e descarte.

FATIANDO UMA MANGA

Fatie as laterais mais carnudas da manga o mais próximo possível do caroço.

Corte a polpa em cubos, mas sem cortar a casca.

Dobre a casca do avesso para soltar a polpa.

Raspe a polpa.

No caso de frutas com caroços maiores, como mangas, é mais fácil separar a polpa do caroço do que o contrário. Comece cortando as laterais carnudas da manga, o mais rente ao caroço possível. Em seguida, corte a polpa em cubos, mas sem cortar a casca. Depois, empurre a polpa para fora, dobrando a casca do avesso para soltar os cubos. Raspe a polpa, descarte a casca e repita o processo com o outro lado da manga. Outro método de trabalhar com mangas é descascá-las primeiro. Use uma faca de legumes afiada para isso. Comece na parte de cima da manga e faça um corte pequeno na casca, só até encostar na polpa. Insira a faca sob a casca e, segurando a parte externa com seu dedão, puxe-a para fora da fruta e para baixo ao mesmo tempo. Repita até que a manga esteja totalmente descascada. Em seguida, fatie a polpa ao redor do caroço e corte-a em cubos.

Frutas cítricas

Frutas cítricas são as laranjas, os limões-sicilianos, os limões, as grapefruits (toranjas) e as tangerinas. A maioria delas não precisa ser transformada em purê. Em vez disso, use um ralador para separar as raspas da casca, reservando-as para colocar na mistura, depois corte a fruta ao meio e esprema.

As raspas podem ser misturadas ao açúcar quando for fazer sorbet ou gelato, agregadas à mistura logo antes de despejá-la na sorveteira ou usadas como decoração no produto pronto. Elas agregam um sabor cítrico forte a qualquer receita, graças aos óleos naturais presentes na casca. Muitas vezes esses óleos cítricos melhoram e intensificam o sabor de sobremesas geladas à base dessas frutas de uma forma que o suco por si só não seria capaz.

UTENSÍLIOS INOVADORES

Hoje em dia é mais fácil encontrar ferramentas especiais e inovadoras em lojas especializadas. Já existem ferramentas para descascar bananas, tirar o caroço de mangas, fatiar uma maçã já separando o miolo, etc. Embora nenhuma delas seja realmente necessária, podem facilitar o preparo dessas frutas para você.

ESPREMENDO LIMÕES

Pressione a fruta enquanto a rola sobre uma bancada para liberar o suco.

Corte a fruta ao meio e esprema cada metade.

PREPARANDO UM ABACAXI

Comece retirando a base.

Em seguida, corte o topo.

Descasque o abacaxi no sentido do comprimento, do topo até a base.

Corte em quartos no sentido do comprimento.

Retire o miolo fibroso.

Corte a fruta em pedaços menores antes de processar.

Fazendo purês de outras frutas

Isso inclui qualquer fruta que seja utilizada no preparo de gelato ou sorbet e não se inclua nas outras categorias.

MAÇÃS
Os miolos das maçãs devem ser sempre retirados e descartados. Descascá-las ou não é uma questão de gosto pessoal. Dependendo do tipo de maçã, a casca pode ou não agregar cor e textura ao seu gelato ou sorbet.

ABACAXI
Abacaxis precisam ser descascados e seus miolos devem ser removidos. A forma mais fácil de descascar um abacaxi é cortar fora a base e o topo, para que ele fique em pé de forma estável. Em seguida, começando de cima, insira a lâmina de uma faca entre a casca e a polpa, e fatie no sentido do comprimento, do topo à base. Certifique-se de retirar fatias fundas o bastante para retirar os "olhos", mas não demais a ponto de desperdiçar muita polpa. Acompanhe a curva natural da fruta, cortando apenas a casca. Quando estiver completamente descascado, parta o abacaxi ao meio de cima a baixo, depois corte em quartos no sentido do comprimento. Retire o miolo de cada quarto e descarte-o, ficando apenas com a parte macia e comestível da fruta. Corte a fruta em pedaços menores antes de processar.

DESCASCANDO FRUTAS COM CAROÇO

Faça sulcos na casca com uma faca de legumes afiada.

Ferva as frutas por aproximadamente 1 minuto.

Coloque as frutas em um banho de gelo para resfriar instantaneamente.

Use uma faca afiada para despelar a fruta.

DESCASCANDO FRUTAS COM CAROÇO

Antes de retirar o caroço da polpa, decida se a casca da fruta precisa ser removida. Embora incluir a casca na receita possa agregar textura e sabor, pense se podem melhorar ou piorar o resultado final do gelato ou do sorbet. Muitas cascas de fruta possuem sabor amargo. Além disso, a ocasião na qual o gelato ou o sorbet serão servidos, um jantar formal ou um piquenique de verão, afeta o nível de refinamento esperado.

Você pode descascar frutas como damascos, pêssegos, nectarinas e ameixas da seguinte forma: prepare um banho de gelo em uma tigela grande o bastante para acomodar duas a três frutas inteiras por vez. Ferva uma panela grande de água. Faça sulcos na casca com uma faca de legumes afiada. Coloque duas a três frutas por vez, com cuidado, na água, e ferva por cerca de 1 minuto (pêssegos e nectarinas são particularmente sensíveis ao cozimento excessivo; se ficarem muito tempo na água quente, podem se desfazer). Remova as frutas de dentro da água com uma escumadeira e mergulhe-as imediatamente no banho de gelo. Isso resfriará as frutas instantaneamente e será fácil tirar a casca delas.

> **DICA** › Ao usar água quente para soltar a casca de uma fruta, é importante que a água nunca pare de ferver. Se o fogão não for potente o bastante ou se a panela for pequena, é melhor não arriscar e colocar apenas uma ou duas frutas por vez.

FAZENDO PURÊ DE FRUTAS

As frutas são colocadas no liquidificador (ou no processador de alimentos) para fazer o purê.

Bata as frutas com pulsações, para garantir que terá a consistência desejada.

COANDO FRUTAS

O purê de frutas pode ser despejado em uma peneira ou em um coador para reter as partículas de fruta indesejadas no produto final.

O purê é coado e o que ficar na peneira pode ser descartado.

FAZENDO PURÊ EM UM PASSADOR

Frutas pequenas, como amoras, podem ser processadas em um passador.

Ao usar um passador, as frutas são pressionadas através da tela, conforme a manivela é girada.

FAZENDO PURÊ DE FRUTAS

Fazer purê de frutas é um processo simples depois que todo o pré-preparo estiver pronto. Antes de serem colocadas no liquidificador ou no processador de alimentos, frutas grandes devem ser cortadas em pedaços para que fique mais fácil batê-las. Frutas pequenas, como mirtilos, podem ser batidas inteiras.

Processe as frutas no liquidificador até que todos ou alguns dos grumos desapareçam, dependendo da textura final desejada para o seu gelato. O tipo de liquidificador utilizado determinará a velocidade ou a função a ser utilizada para esse fim. Se for usar um passador, frutas maiores precisam ser cortadas em cubos. Force as frutas pela malha girando a manivela. Repita o processo quantas vezes precisar, trocando as malhas da mais grossa para a mais fina, quebrando as frutas e extraindo o máximo de líquido possível.

Depois de bater as frutas, pode ser necessário coar. Coar o purê remove pedaços de casca, membranas, partes não processadas ou partículas que possam ter sido processadas por engano. A ideia é que apenas o líquido passe, deixando para trás sementes e talos. Coar é recomendado, pois dá uma textura uniforme ao gelato pronto. Para coar, despeje o purê em uma peneira de malha fina ou média sobre uma tigela.

Use as costas de uma concha ou uma espátula para pressionar o purê com firmeza contra a malha, fazendo com que o líquido passe. Descarte o que sobrar dentro da peneira depois de extrair o máximo de líquido possível.

Armazenando purê de frutas

O purê de frutas deve ser armazenado na geladeira, em um recipiente hermético limpo, até a hora de usar, por até 3 dias. O purê pode ser feito com antecedência, para aproveitar a época da fruta, e congelado para uso posterior. Se fizer isso, acrescente 10% de açúcar para controlar a formação de cristais de gelo e manter uma consistência mais macia. Lembre-se de que o teor de açúcar da receita feita com esse purê precisará ser ajustado. O purê pode ser guardado no congelador por até 6 meses, se estiver em um recipiente hermético. Descongele o purê na geladeira antes de usar.

> **DICA** › As sementes de mirtilos e morangos são tão pequenas que mal são perceptíveis, e o processo de coá-las pode levá-lo à loucura. Imagine tentar coar um purê de morangos por uma malha tão fina para que o purê passe mas as sementinhas não! Portanto, incluir essas sementes ou não no produto final é uma escolha pessoal, dependendo da textura que você estiver procurando.

FAZENDO COMPOTAS

Cozinhar frutas para fazer compota é uma técnica a ser considerada ao trabalhar com frutas com muita água. Ao reduzir o conteúdo de água da fruta, seu sabor natural fica concentrado. Isso pode dar um sabor de "cozido" ao gelato ou ao sorbet.

Para cozinhar frutas, descasque-as e remova os miolos, depois fatie e corte em cubos pequenos. Coloque um pouco do açúcar (de acordo com a receita do gelato) por cima da fruta, misture com cuidado e deixe descansar da noite para o dia. A maceração ajuda as frutas a soltar seu suco e forma um líquido saboroso para cozinhá-las.

Coloque os pedaços de fruta e o suco em uma panela pequena ou média (onde caibam todas as frutas) e leve ao fogo baixo. Cozinhe até engrossar e atingir a consistência de geleia. Nesse momento, você pode acrescentar um pouco de suco de limão (uma ou duas espremidas, dependendo da quantidade de compota) para realçar o sabor. Um pouco de suco de limão pode fazer muita diferença, então coloque apenas um pouquinho, misture e prove. Se o sabor da fruta ainda precisar de um realce, coloque mais um pouco. Cuidado para não exagerar no limão ou o sabor ficará muito ácido.

TEMPERANDO GEMAS

Temperar gemas significa aumentar a temperatura das gemas frias para que fique próxima da temperatura do líquido quente ao qual serão incorporadas, estabilizando assim a estrutura das proteínas e permitindo que engrossem o creme sem que virem ovos mexidos.

Separe as gemas das claras e reserve as claras para outro uso. Coloque as gemas em uma tigela não reativa e bata um pouco para quebrá-las até que formem uma massa amarela homogênea. Coloque um pouco do açúcar da receita e misture com um batedor até que as gemas fiquem mais claras, com uma cor amarelo pálido, e estejam mais grossas.

Bata a mistura de gemas sem parar enquanto acrescenta o líquido quente lentamente, uma concha por vez. Continue acrescentando o líquido quente dessa forma até que metade ou quase todo o líquido tenha sido despejado. A mistura deve ficar uniforme e cremosa.

> **DICA** › Ao colocar açúcar nas gemas, bata imediatamente até que a mistura fique clara e espessa. Não coloque açúcar e deixe que fique lá sem misturar; isso formará grumos de gema "cozida" na mistura do gelato e, possivelmente, no produto final.

TEMPERANDO GEMAS

Separe as gemas das claras e coloque-as em uma tigela não reativa.

Bata as gemas um pouco para quebrá-las.

Acrescente uma porção pequena do açúcar que será utilizado na receita.

Bata a mistura sem parar enquanto despeja o líquido quente, uma concha por vez.

COZINHANDO O CREME DA BASE

Coloque a mistura de ovos aquecidos na panela com o restante do líquido quente e volte ao fogão.

Mexa sem parar, cozinhando até que a mistura engrosse.

O creme estará cozido quando atingir 85 °C.

O creme deve ficar grosso o bastante para cobrir as costas de uma colher. Ao riscar uma linha no creme, ela deve permanecer.

PREPARANDO O CREME DA BASE

Coloque a mistura de ovos aquecidos e temperados na panela com o restante do líquido quente e volte ao fogo. Se for usar um termômetro de açúcar, coloque-o agora. Sem parar de mexer com um batedor, cozinhe em fogo médio a médio-alto até que engrosse, tomando cuidado para que não ferva. Controlar a temperatura do creme durante o cozimento é importantíssimo. Se necessário, cozinhe a mistura por um pouco mais de tempo em temperatura mais baixa para garantir que não superaqueça ou queime. Se for usar um termômetro instantâneo, coloque-o agora. O creme estará pronto quando atingir 85 °C. Ele está completamente cozido quando está espesso o bastante para cobrir as costas de uma colher ou de uma espátula. Outra forma de testar é mergulhar a ponta de uma colher ou de uma espátula no creme cozido e segurá-la na horizontal sobre a panela. Risque uma linha com seu dedo nas costas da colher. Se o creme não fechar o espaço, está pronto. Retire do fogo imediatamente.

TEMPERANDO GEMAS

As gemas são temperadas lentamente com líquido quente para que não virem ovos mexidos. Se as gemas endurecerem durante o preparo do creme, é melhor recomeçar. Mesmo que você coe, se houver uma quantidade significativa de ovos cozidos, isso pode dar um gosto de ovo que geralmente é considerado desagradável.

Não importa o quão bem feito é o creme, sempre coe antes de usar. Despeje o líquido quente em uma peneira ou coador de malha fina sobre uma tigela limpa previamente colocada dentro de um banho de gelo, a não ser que a receita peça algo diferente. O banho de gelo faz com que o creme resfrie rapidamente e impede que continue cozinhando.

Despeje o líquido quente em uma peneira ou um coador de malha fina sobre uma tigela limpa.

PREPARANDO XAROPE DE AÇÚCAR

Coloque a mesma quantidade de água e açúcar em uma panela de fundo grosso pequena ou média. Mexa com um batedor e cozinhe até levantar fervura em fogo médio-alto. Retire do fogo e bata um pouco. Deixe esfriar completamente. Isso garante que o açúcar seja completamente dissolvido e combinado com a água. Você pode armazenar em um recipiente hermético limpo na geladeira por algumas semanas.

EMULSIONANDO A MISTURA DO GELATO OU DO SORBET

É recomendado emulsionar a mistura do gelato enquanto ela ainda está quente. O calor ajuda a derreter as moléculas de gordura, de forma que sejam dispersadas no líquido, dando uma textura melhor. A emulsificação garante que a mistura fique homogênea, dando leveza a ela ao incorporar um pouco de ar antes de congelar.

Embora essa emulsão possa ser obtida com um batedor manual ou liquidificador, usar um *mixer* é mais prático. Para emulsionar, coloque a lâmina dentro da mistura quente e bata até ficar cremosa.
Um creme não muito perfeito pode ser salvo neste processo (embora essa técnica não seja recomendada para cremes com ovos que cozinharam até endurecer, que devem ser descartados).

RESFRIANDO E MATURANDO A MISTURA DO GELATO OU DO SORBET

Maturar a mistura significa deixá-la descansar na geladeira por pelo menos 4 horas ou no máximo da noite para o dia. Essa é uma etapa recomendada na fabricação de gelato, mais do que uma técnica propriamente dita. A mistura do gelato é maturada pois o aquecimento (pasteurização) e a homogeneização mudam a natureza física da mistura. Ao preparar a mistura – antes de congelar –, o processo de aquecimento e resfriamento altera a composição molecular dos ingredientes. A maturação dispersa a gordura que havia sido derretida durante o aquecimento, e ajuda na hidratação do açúcar. Deixar a mistura descansar de 4 a 16 horas deixa-a mais estável, permitindo que o açúcar absorva o máximo de água possível, dando uma textura melhor e aumentando a validade do produto. Quanto mais estável uma mistura caseira estiver antes de congelar em uma sorveteira, melhor será o gelato ou o sorbet.

ENDURECENDO O GELATO OU O SORBET

O gelato caseiro deveria ser servido imediatamente após ser retirado da sorveteira. Porém, se precisar servir mais tarde, ele deve ser endurecido para ganhar a textura correta e controlar o crescimento dos cristais de gelo. Embora o gelato tenha acabado de ser retirado da sorveteira, apenas 50% do seu conteúdo de água está realmente congelado. O objetivo de endurecer o gelato é congelar o restante da água o mais rápido possível. Quanto mais rápido o gelato for congelado, menos tempo os cristais têm para crescer, deixando o produto mais macio.

O endurecimento é mais uma recomendação do que uma técnica propriamente dita e também é fácil de fazer. Depois que a mistura tiver ficado na sorveteira por bastante tempo, despeje o gelato ou o sorbet em uma travessa rasa bem gelada, de preferência de plástico. Cubra com filme plástico, pressionando o filme contra a superfície do gelato ou sorbet, e coloque no congelador para endurecer completamente antes de servir.

PROBLEMAS DO RECONGELAMENTO

Se um gelato fresco for colocado em uma travessa para ser servido, ficar exposto enquanto as pessoas comem e as sobras forem congeladas, ele não estará tão gostoso na próxima vez. O processo de derretimento seguido de um novo congelamento causa a formação de cristais grandes de gelo, o que cria uma sensação desagradável na boca.

RESFRIANDO E ENDURECENDO O GELATO OU O SORBET

A mistura do gelato é despejada na sorveteira.

O gelato parcialmente congelado se forma na sorveteira.

O gelato que não for endurecido de forma adequada depois de sair da sorveteira terá uma aparência mole.

O gelato que foi endurecido corretamente será firme e estável.

Use uma faca afiada para picar o chocolate em uma tábua de corte limpa e lisa, para obter um bom resultado.

PICANDO CHOCOLATE

Use uma faca serrilhada ou a faca do *chef* afiada para picar chocolate, começando pelo canto da barra. Se for picar chocolate em uma tábua de madeira, certifique-se que ela tenha sido lavada com sabão e completamente seca depois do último uso. A tábua de corte precisa estar completamente limpa, para que o chocolate não absorva sabores residuais presentes nela.

TOSTANDO CASTANHAS

A maioria das castanhas pode ser tostada em um forno preaquecido a 180 °C, distribuídas em uma só camada em uma assadeira de borda rasa. Se for utilizar um forno de convecção que não ajusta a temperatura automaticamente, aqueça a 170 °C. Castanhas precisam de cerca de 10 minutos para tostar, embora o tempo varie de acordo com a castanha e a posição da assadeira (a parte mais alta do forno é mais quente e levará menos tempo). Castanhas com maior conteúdo de óleo, como nozes-pecã e nozes comuns, tostam mais rápido que outras. Mexa ou sacuda as castanhas uma ou duas vezes enquanto estão no forno para que tostem por igual. Fique de olho no processo: castanhas passam de levemente tostadas a queimadas e incomestíveis em um piscar de olhos. Castanhas bem tostadas devem ficar uniformemente douradas por dentro e por fora.

RETIRANDO AS SEMENTES DE UMA FAVA DE BAUNILHA

Coloque a fava de baunilha deitada em uma tábua de corte. Corte-a ao meio no sentido do comprimento com a ponta de uma faca. Raspe no sentido do comprimento com a lâmina da faca, de uma ponta a outra, retirando as sementes de dentro.

Corte a fava ao meio no sentido do comprimento.

Raspe as sementes da fava cortada.

TÉCNICAS 71

CAPÍTULO CINCO

combinações de sabor

Boas combinações de sabor dependem de encontrar o equilíbrio entre doce, salgado, azedo e amargo. Dois ingredientes que aparentem não harmonizar podem ser combinados para produzir um resultado inesperadamente bom. Até certo ponto, saber qual sabor combina com qual é um pouco instintivo. Se você se expor a alimentos e estilos culinários diferentes, possuirá um repertório de sabores mais amplo para basear suas criações. Criar combinações únicas deve ser uma atividade criativa e divertida. Embora não haja regras para isso, a seguir estão alguns conceitos para levar em consideração ao pensar sobre sabor e gosto.

O sabor é como nosso cérebro identifica e traduz os alimentos, e se baseia no gosto. Alimentos específicos são compostos por muitos gostos que são transmitidos ao cérebro por meio de milhares de papilas gustativas presentes na língua e no céu da boca. O cérebro identifica essas mensagens sensoriais e atribui um sabor ao alimento sendo consumido.

Em cada alimento normalmente predomina um gosto. Em geral, gostos são divididos em quatro categorias básicas reconhecidas pelas papilas gustativas na boca: doce, salgado, azedo e amargo. As papilas gustativas para doce e salgado estão mais presentes na parte da frente da língua, por isso que você sabe imediatamente quando um prato está sem sal e por isso que lamber uma casquinha de sorvete é tão agradável. Aquelas para sabores azedos estão concentradas nas laterais da língua. Se tiver dificuldades de identificá-las, chupe um limão ou coma um doce azedo prestando atenção à contração suave involuntária da mandíbula conforme o sabor azedo espalha pela sua língua. Já as papilas para gostos amargos se encontram no fundo da língua, por isso que o amargo tende a demorar mais para aparecer e a permanecer.

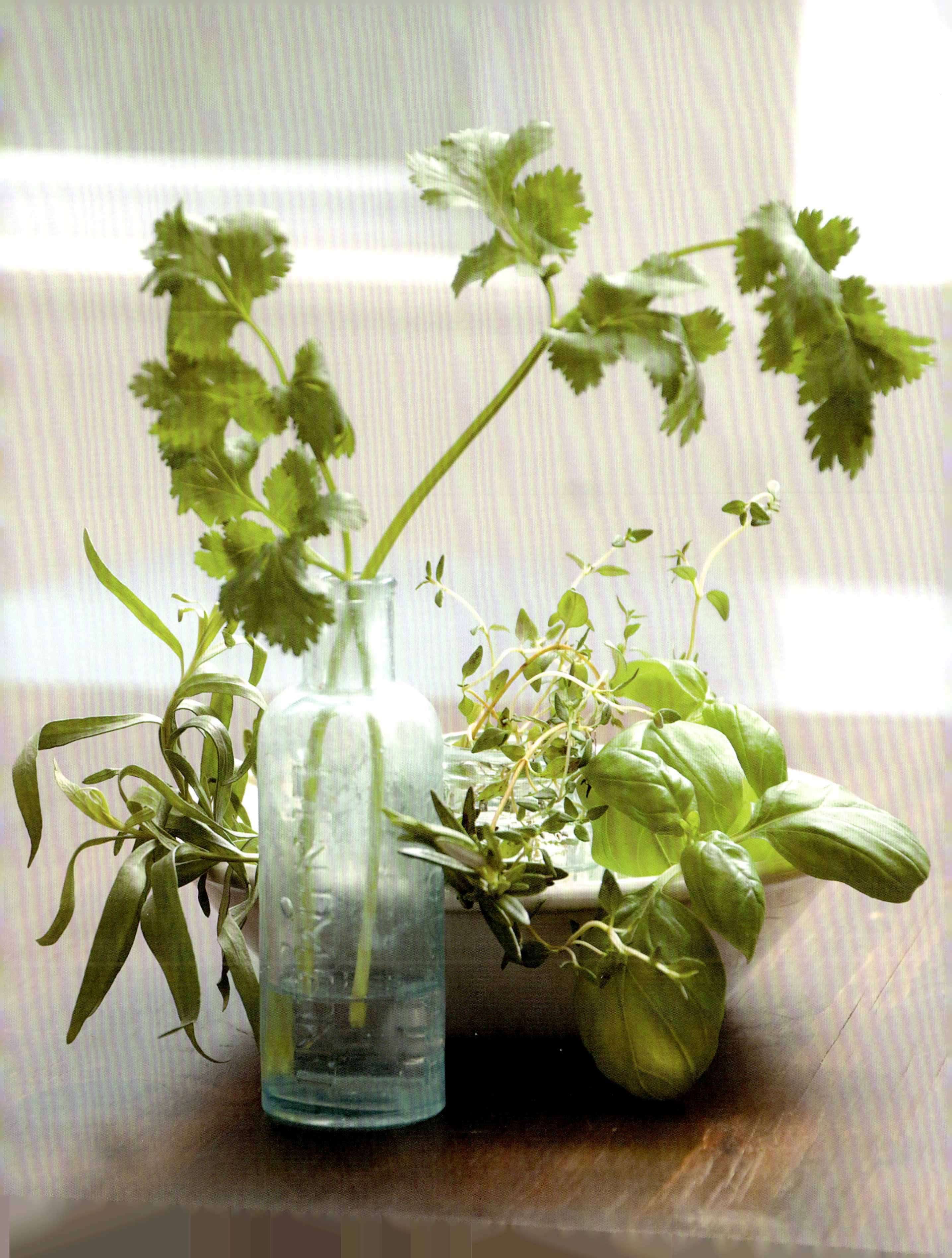

Combinações doces e salgadas

Podemos pensar da seguinte forma: o gelato é um alimento derivado do leite, e qualquer coisa – doce, salgada, etc. – pode ser acrescentada a um derivado do leite para dar sabor. Consigo pensar em tudo, desde um fettuccine com cogumelos porcini a anchovas com molho Caesar cremoso. Uma boa filosofia é começar a pensar além do doce e se sentir livre para personalizar sabores! Essa é a melhor parte de cozinhar, na minha opinião. Você pode começar com uma receita qualquer e, apenas mudando alguns detalhes, criar algo completamente diferente, único e com a sua cara! Receitas são de fato pontos de partida para criar novos pratos.

Se combinar sabores ainda não é algo natural para você, uma forma de começar é ler livros de culinária como se fossem romances. As receitas não são obras como as de Shakespeare, mas podem ser interessantes e ricas em informação. Preste atenção em como os ingredientes são usados juntos e o papel de cada um em um prato específico. Com o tempo você entenderá intuitivamente as combinações de sabores de forma mais detalhada.

Muitas vezes uma combinação salgada que harmoniza perfeitamente em um prato principal pode ser reutilizada em uma sobremesa. Você pode ver isso nos acompanhamentos do item principal do prato – os sabores combinados do molho, as especiarias que combinam, etc.

Por último, outro lugar para obter ideias é ler o cardápio de sobremesas de um restaurante. Na próxima vez que for comer fora, dê uma lida no cardápio de sobremesas e observe as combinações de sabores. Você provavelmente poderá utilizar os mesmos tipos de sabor em um gelato.

UMAMI

O umami é o quinto tipo de sabor, descoberto por um cientista japonês no começo do século XX. É um gosto salgado que existe naturalmente em certos alimentos e acredita-se que realce e arredonde os sabores. O umami pode ser encontrado, por exemplo, em tomates, carnes, peixes, algas e muitos derivados do leite.

Combinações de sabores para gelato e sorbet

Abaixo estão algumas combinações frequentes e não tão frequentes que combinam em receitas de gelato ou sorbet – ou em qualquer prato.

CHOCOLATE: café, canela, baunilha, chá Earl Grey, pistache, avelã, menta, laranja

CAFÉ: avelã, baunilha, canela, limão-siciliano, chocolate

MAÇÃ: caramelo, açúcar mascavo, gengibre, canela, cravo-da-índia, noz-moscada, rum, coentro, mel, *maple syrup*

BANANA: manteiga de amendoim, rum, chocolate, coco, limão, mel, gengibre, mirtilo, bacon, baunilha

MIRTILO: limão-siciliano, baunilha, canela, *maple syrup*, creme azedo, tomilho, gengibre

AMORA/FRAMBOESA: vinho tinto, laranja, mel, canela, amêndoa, chocolate, conhaque

MELÃO TIPO CANTALOUPE OU OUTROS: gengibre, capim-limão, limão, vinho do Porto, baunilha, morango, pepino, manjericão

MANGA: coco, maracujá, rum, anis-estrelado, pimenta-do-reino preta, cravo-da-índia, amora

GRAPEFRUIT (TORANJA): mel, rum, coentro, alecrim, queijo cremoso, açúcar mascavo

FIGO: nozes, caramelo, mel, vinho Marsala, lavanda, gengibre, coco, canela, menta, vinho do Porto, framboesa, pimenta-do-reino preta

MORANGO: vinagre balsâmico, banana, amêndoa, limão-siciliano, queijo mascarpone, coco, queijo cremoso, laranja, pimenta-rosa, ruibarbo, vinho tinto leve, zabaglione, *maple syrup*

PARTE II:
as receitas

Estas receitas são algumas das minhas favoritas; algumas têm sabores já conhecidos, e outras são criações diferentes. Quando apropriado, acrescentei opções para que você possa variar, embora deva se sentir livre para criar suas próprias variações.

Aqui você encontrará receitas para gelatos, sorbets e granitas. Os gelatos são feitos com derivados de leite, logo são mais densos e encorpados para o paladar. Os sorbets são feitos com uma base de calda de açúcar e costumam ser feitos com sabor de fruta. Também acrescentei alguns sabores de sorbet menos tradicionais para variar.

As granitas são as mais simples das sobremesas congeladas e essas receitas servem muito bem como base antes de tentar fazer sorbets e gelatos.

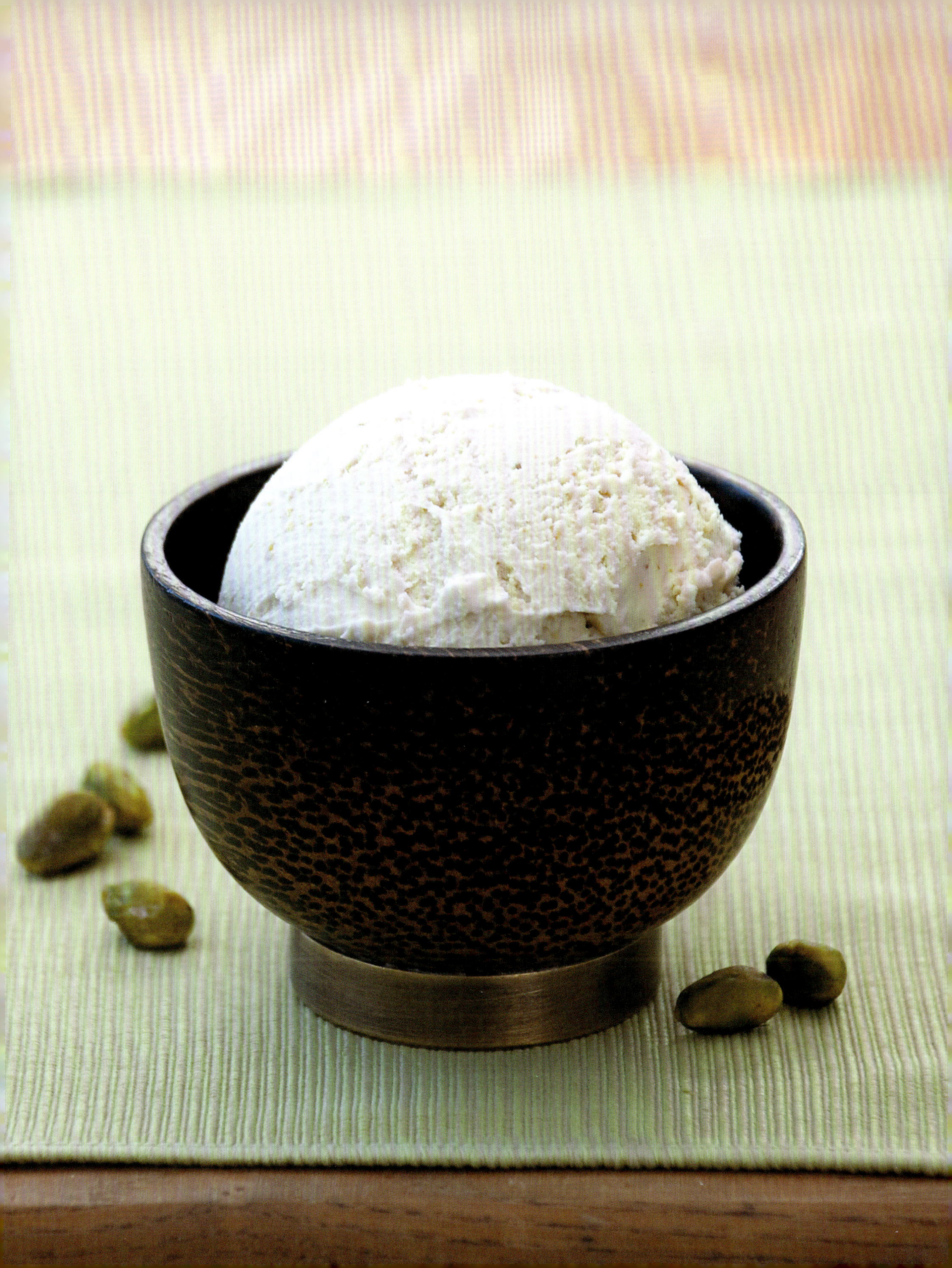

CAPÍTULO SEIS
gelato

Assim como qualquer *chef* executivo, confeiteiro e chocolateiro dá o toque pessoal em suas produções, fabricantes de gelato também fazem isso com suas criações. Embora os ingredientes básicos não variem tanto, o tempo de cozimento do creme e de batimento da base, ou a combinação de agentes de sabor, pode criar nuances infinitas no produto final.

Depois de testar algumas destas receitas, você perceberá que a maioria segue uma ordem básica de técnicas. Essas são as mesmas técnicas utilizadas por fabricantes profissionais de gelato, que eu aprendi durante meus anos de estudo e prática. Com prática e experimentação suficientes, você provavelmente conseguirá criar variações sutis das receitas também, enquanto usufrui dos frutos do seu esforço.

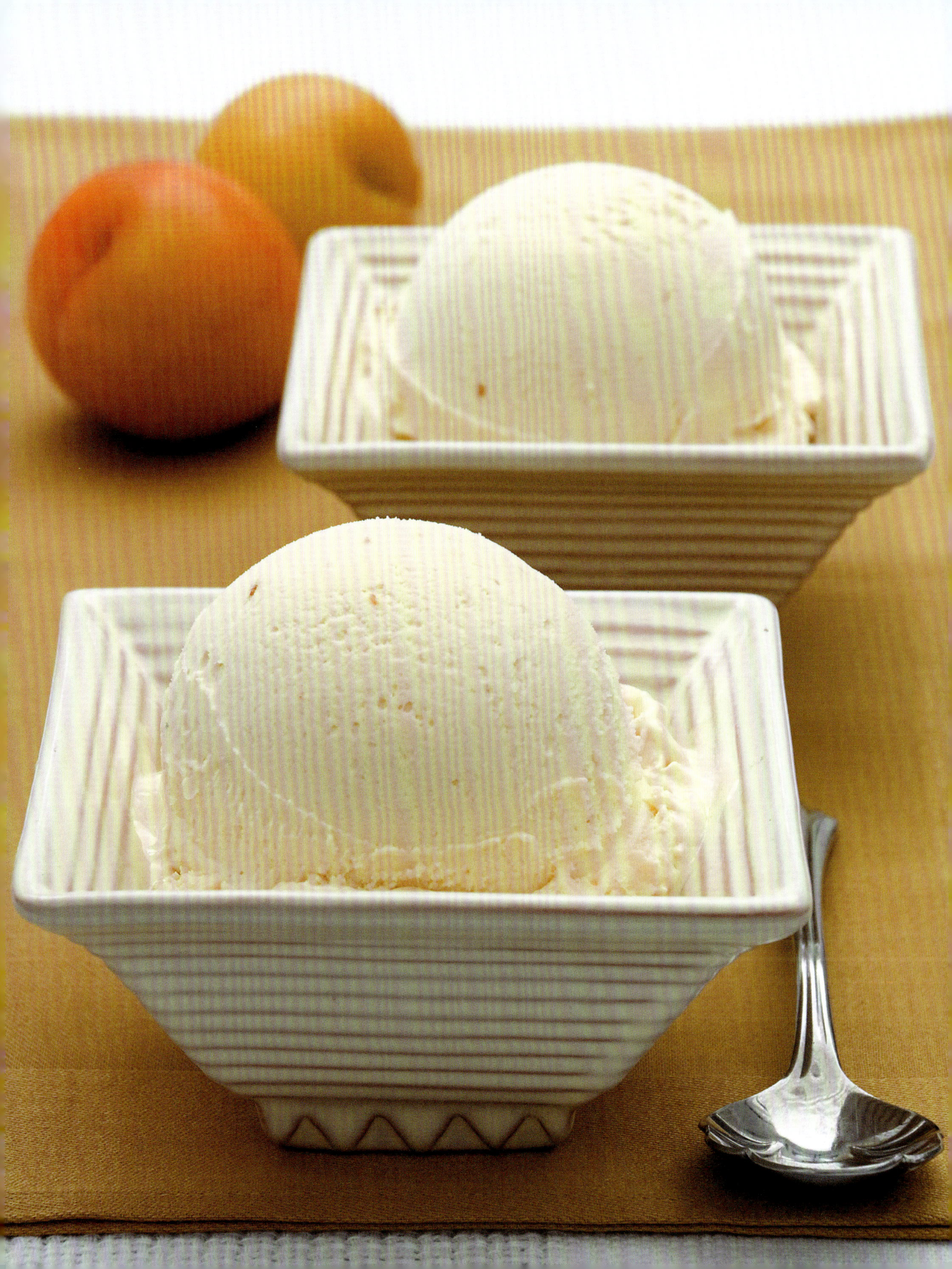

gelato de pêssego

Para dar a este gelato o máximo de sabor, ele deve ser preparado no ápice do verão, quando é época de pêssegos e eles estão bem maduros. A doçura dos pêssegos com a intensidade do creme de leite é uma combinação das mais clássicas. Prepare uma vez e certamente ele se tornará um dos favoritos!

{FÁCIL}

PARA O PURÊ DE PÊSSEGO:

2 xícaras (300 g) de pêssegos frescos, descascados, sem caroço e cortados em cubos

3 colheres de sopa (39 g) de açúcar refinado

2½ colheres de chá (12,5 mℓ) de suco de limão-siciliano recém-espremido e coado

PARA OS PÊSSEGOS MACERADOS:

1 xícara (122 g) de pêssegos frescos, descascados, sem caroço e cortados em cubos

3 colheres de sopa (39 g) de açúcar refinado

PARA O GELATO:

1¾ xícara (410 mℓ) de leite integral

¾ xícara (150 g) de açúcar refinado

4 gemas grandes

3 colheres de sopa (60 g) de geleia natural de pêssego, opcional

1 xícara (240 mℓ) de creme de leite fresco com alto teor de gordura

½ colher de chá (2,5 mℓ) de extrato de baunilha puro

½ xícara (115 g) de creme azedo

1 xícara (250 g) de purê de pêssego caseiro ou comprado pronto

Para fazer o purê de pêssego: Coloque os pêssegos cortados em uma tigela média não reativa com o açúcar e o suco de limão. Misture com cuidado e deixe-os descansar por 30 minutos, cobertos, na geladeira. Depois de macerados, coloque em um liquidificador e bata até ficar uniforme. Reserve por no máximo um dia em um recipiente hermético na geladeira. Cubra com filme plástico diretamente em contato com a superfície do purê, para que ele não oxide.

Para fazer os pêssegos macerados: Misture-os com o açúcar com cuidado em uma tigela não reativa até que estejam cobertos de açúcar. Cubra e deixe resfriar por 2 horas enquanto o gelato é processado. Antes de colocar os pêssegos no gelato, escorra o caldo e descarte.

Para fazer o gelato: Coloque o leite e todo o açúcar, exceto ¼ xícara (50 g), em uma panela média de fundo grosso em fogo médio, e cozinhe, mexendo de vez em quando, até atingir 77 °C em um termômetro de leitura instantânea.

Coloque as gemas em uma tigela média não reativa e bata com o ¼ de xícara (50 g) de açúcar até a mistura ficar aerada e engrossar um pouco.

Tempere as gemas com cuidado (veja na p. 64) com a mistura de leite quente, despejando lentamente cerca de metade do líquido sobre os ovos, sem parar de bater. Coloque a mistura de ovos aquecidos na panela, acrescente a geleia de pêssego, misture bem e volte ao fogo. Mexa sem parar com uma colher de pau ou espátula de silicone e cozinhe em fogo médio até atingir 85 °C em um termômetro de leitura instantânea ou até que fique espessa o bastante para cobrir as costas de uma colher ou espátula; tome cuidado para que não ferva. Retire do fogo e, com um *mixer* ou um liquidificador, emulsione a mistura (veja na p. 68), se não estiver completamente lisa, antes de incorporar ao creme de leite frio.

Despeje o creme de leite em uma tigela de vidro ou aço inox dentro de um banho de gelo (veja na p. 67).

Coe o creme aquecido com uma peneira ou um coador de malha fina, despejando sobre o creme de leite gelado; junte o extrato de baunilha, o creme azedo e misture até incorporar bem. Adicione o purê de pêssego ao creme coado. Mexa (a cada 5 minutos em média) até que a mistura esteja completamente fria. Isso deve levar cerca de 30 minutos. Retire a tigela do banho de gelo, seque a base da tigela, cubra com filme plástico e deixe na geladeira por pelo menos 8 horas.

Depois, despeje a mistura na sorveteira e processe de acordo com as instruções do fabricante. Quando faltar cerca de 2 minutos para o gelato ficar pronto, acrescente os pedaços de pêssego macerado aos poucos. Termine de processar.

Despeje o gelato pronto em um recipiente plástico. Cubra com filme plástico, pressionando-o contra a superfície do gelato, tampe o recipiente e coloque no congelador para endurecer bem antes de servir.

Rendimento: aproximadamente 1 litro (528 g)

gelato de framboesa

Gelato de cor viva, azedinho e doce. Embora o tradicional seja usar framboesas vermelhas, você também pode usar framboesas pretas ou amarelas (só não misture os tipos, pois poderá ficar com um gelato de cor pouco apetitosa!).

{FÁCIL}

1¾ xícara (410 mℓ) de leite integral

1¼ xícara (295 mℓ) de creme de leite fresco com alto teor de gordura

2 colheres de sopa (40 g) de geleia natural de framboesa

1 xícara mais 2 colheres de sopa (225 g) de açúcar refinado

4 gemas grandes

2 colheres de chá (10 mℓ) de suco de limão-siciliano recém-espremido e coado

1 xícara (232 g) de purê de framboesa, coado (veja na p. 63), feito com 3 xícaras (330 g) de framboesas frescas (melhor) ou congeladas

Despeje o leite, ¼ xícara (60 mℓ) do creme de leite, a geleia e ¾ xícara mais 2 colheres de sopa (175 g) do açúcar em uma panela média de fundo grosso, e coloque em fogo médio. Aqueça, mexendo de vez em quando, até atingir 77 °C em um termômetro de leitura instantânea.

Coloque as gemas em uma tigela média não reativa e bata com o ¼ xícara (50 g) de açúcar restante, até ficar aerado e engrossar um pouco.

Tempere as gemas com cuidado (veja na p. 64) com a mistura de leite quente, despejando lentamente cerca de metade do líquido quente sobre os ovos sem parar de bater. Coloque a mistura de ovos aquecida na panela e volte ao fogo. Mexa sem parar com uma colher de pau ou uma espátula de silicone resistente ao calor e cozinhe a mistura em fogo médio até atingir 85 °C em um termômetro de leitura instantânea ou até que fique espessa o bastante para cobrir as costas de uma colher ou espátula; tome cuidado para que não ferva. Retire do fogo. Emulsione a mistura (veja na p. 68), se não estiver completamente lisa, antes de incorporar ao creme de leite frio.

Em uma tigela média não reativa, bata o suco de limão com o purê de framboesas.

Coe o creme quente com uma peneira ou um coador de malha fina sobre uma tigela limpa previamente colocada dentro de um banho de gelo (veja na p. 67). Enquanto bate, acrescente a mistura de limão com o purê de fruta, até incorporar bem. Mexa (a cada 5 minutos em média) até que a mistura esteja completamente fria. Isso deve levar cerca de 30 minutos.

Retire a tigela do banho de gelo, seque a base, cubra com filme plástico e deixe na geladeira por pelo menos 8 horas ou da noite para o dia.

Quando o gelato estiver pronto, despeje a mistura na sorveteira e processe de acordo com as instruções do fabricante. Despeje-o em um recipiente plástico. Cubra com filme plástico, pressionando-o contra a superfície do gelato, tampe o recipiente e coloque no congelador para endurecer bem antes de servir.

Rendimento: aproximadamente 1 litro (528 g)

VARIAÇÕES

Framboesa com amêndoas › Acrescente uma colher de sopa (15 mℓ) de licor de amêndoas, como *amaretto*, depois que a base do gelato estiver fria e antes de levar à geladeira.

Framboesa com chocolate › Raspe um pedaço de chocolate meio amargo com uma faca de serra até obter de 55 g a 85 g. Junte as raspas à sorveteira cerca de 2 minutos antes de o gelato ficar pronto.

gelato de morango

Se você procurava uma razão para sair em busca de morangos, aqui está. Como sobremesa gelada, este gelato valoriza o sabor do morango com creme de leite além da combinação esperada. Esta receita fica melhor se servida durante a época da colheita dos morangos, quando estão mais maduros. Macerar os morangos antes de colocá-los no gelato também ajuda a realçar o sabor e a doçura.

{FÁCIL}

PARA O PURÊ DE MORANGOS:

2 xícaras (365 g) de morangos frescos, lavados e sem o miolo

1½ colher de sopa (20 g) de açúcar refinado

2 colheres de chá (10 mℓ) de suco de limão-siciliano recém-espremido

PARA OS MORANGOS MACERADOS:

1 xícara (160 g) de morangos frescos, lavados, sem o miolo e cortados em quatro

3 colheres de sopa (39 g) de açúcar refinado

PARA O GELATO:

1¾ xícara (410 mℓ) de leite integral

¾ xícara (150 g) de açúcar refinado

4 gemas grandes

2 colheres de sopa (40 g) de geleia natural de morango, opcional

1¼ xícara (295 mℓ) de creme de leite fresco com alto teor de gordura

1 xícara (250 mℓ) de purê de morango caseiro ou comprado pronto

Para fazer o purê de morangos: Corte os morangos ao meio e coloque em uma tigela média não reativa com a 1½ colher de sopa (20 g) de açúcar. Misture com cuidado, tampe e deixe descansar por várias horas na geladeira. Depois de macerados, coloque-os em um liquidificador e bata até o purê ficar uniforme. Junte o suco de limão e reserve por até 2 dias em um recipiente hermético na geladeira.

Para fazer os morangos macerados: Misture os morangos com o açúcar com cuidado em uma tigela não reativa até que estejam cobertos de açúcar. Cubra e leve à geladeira por várias horas. Antes de colocar os morangos no gelato, escorra o caldo e descarte.

Para fazer o gelato: Coloque o leite e todo o açúcar, exceto ½ xícara (100 g), em uma panela média de fundo grosso em fogo médio e cozinhe, mexendo de vez em quando, até atingir 77 °C em um termômetro de leitura instantânea.

Coloque as gemas em uma tigela média não reativa e bata com o ¼ xícara (50 g) de açúcar restante até ficar aerado e engrossar um pouco.

Tempere as gemas com cuidado (veja na p. 64) com a mistura de leite quente, lentamente despejando cerca de metade do líquido quente sobre os ovos, sem parar de bater. Incorpore a mistura de ovos aquecidos ao leite quente na panela, acrescente a geleia de morango se quiser, misture bem e volte ao fogo. Mexa sem parar com uma colher de pau ou uma espátula de silicone resistente ao calor e cozinhe a mistura em fogo médio até atingir 85 °C em um termômetro de leitura instantânea ou até que fique espessa o bastante para cobrir as costas de uma colher ou espátula, tomando cuidado para que não ferva. Retire do fogo. Emulsione a mistura (veja na p. 68), se não estiver completamente lisa, antes de incorporar ao creme de leite frio.

Despeje o creme de leite em uma tigela de vidro ou aço inox dentro de um banho de gelo (veja na p. 67).

Coe o creme aquecido com uma peneira ou um coador de malha fina, despejando sobre o creme de leite gelado, e misture bem. Junte o purê de morangos ao creme coado. Mexa (a cada 5 minutos em média) até que a mistura esteja completamente fria por cerca de 30 minutos. Retire a tigela do banho de gelo, seque a base da tigela, cubra com filme plástico e deixe na geladeira por pelo menos 8 horas.

Depois, despeje a mistura na sorveteira e processe de acordo com as instruções do fabricante. Faltando cerca de 2 minutos para o gelato ficar pronto, acrescente os morangos macerados aos poucos. Termine de processar.

Despeje o gelato pronto em um recipiente plástico. Cubra com filme plástico, pressionando-o contra a superfície do gelato, tampe o recipiente e coloque no congelador para endurecer bem antes de servir.

Rendimento: aproximadamente 1 litro (528 g)

gelato francês de baunilha

Esta receita de textura incrível homenageia o melhor dos ingredientes básicos do gelato: leite, creme de leite, ovos e açúcar. Se quiser um sabor mais intenso de baunilha, acrescente sementes de mais uma fava. Também, para variar as características do sabor da baunilha, utilize favas de origens diferentes (do Taiti ou do México).

{FÁCIL}

1 fava de baunilha, de preferência do tipo Madagascar Bourbon

2 xícaras (475 mℓ) de leite integral

¾ xícara (150 g) de açúcar refinado

4 gemas grandes

1 xícara (240 mℓ) de creme de leite fresco com alto teor de gordura

¾ colher de chá (3,75 mℓ) de extrato de baunilha puro

Parta a fava de baunilha ao meio com uma faca e raspe as sementes (veja na p. 71). Coloque as sementes e a fava em uma panela média com fundo grosso. Despeje o leite e ½ xícara (100 g) do açúcar. Misture bem. Cozinhe em fogo médio, mexendo de vez em quando, até atingir 77 °C em um termômetro de leitura instantânea. Retire do fogo, tampe e deixe em infusão por 30 minutos.

Retire a fava de baunilha e coloque a mistura de volta no fogo médio. Aqueça, mexendo de vez em quando para não queimar no fundo, até atingir 77 °C em um termômetro de leitura instantânea.

Coloque as gemas em uma tigela média não reativa e bata com o ¼ xícara (50 g) de açúcar restante até a mistura ficar aerada e engrossar um pouco.

Tempere as gemas com cuidado (veja na p. 64) com a mistura de leite quente, lentamente despejando cerca de metade do líquido quente sobre os ovos, sem parar de bater. Incorpore a mistura aquecida de ovos ao leite quente na panela, batendo bem, e volte ao fogo. Mexa sem parar com uma colher de pau ou uma espátula de silicone resistente ao calor e cozinhe a mistura em fogo médio até atingir 85 °C em um termômetro de leitura instantânea ou até que fique espessa o bastante para cobrir as costas de uma colher ou espátula, tomando cuidado para que não ferva. Retire do fogo e emulsione a mistura (veja na p. 68), se não estiver completamente lisa, antes de incorporar ao creme de leite frio.

Despeje o creme de leite em uma tigela de vidro ou aço inox dentro de um banho de gelo (veja na p. 67).

Coe o creme aquecido em uma peneira ou um coador de malha fina, despejando sobre o creme de leite gelado; junte o extrato de baunilha e misture bem. Mexa (a cada 5 minutos em média) até que a mistura esteja completamente fria. Isso deve levar cerca de 30 minutos. Retire a tigela do banho de gelo, seque a base da tigela se necessário, cubra com filme plástico e deixe na geladeira por pelo menos 8 horas.

Quando estiver pronta, despeje a mistura na sorveteira e processe de acordo com as instruções do fabricante.

Despeje o gelato pronto em um recipiente plástico. Cubra com filme plástico, pressionando-o contra a superfície do gelato, tampe o recipiente e coloque no congelador para endurecer bem antes de servir.

Rendimento: aproximadamente 1 litro (528 g)

gelato de baunilha madagascar bourbon

{FÁCIL}

1 fava de baunilha, de preferência do tipo Madagascar Bourbon

1½ xícara (355 mℓ) de leite integral

¾ xícara (150 g) de açúcar refinado

1½ xícara (360 mℓ) de creme de leite fresco com alto teor de gordura

¾ colher de chá (3,75 mℓ) de extrato de baunilha puro

Este gelato é mais próximo ao estilo de sorvete feito na Filadélfia do que a um gelato propriamente dito. A ausência de gemas dá um sabor mais claro de leite, que permite que as nuances sutis de sabor entre tipos diferentes de baunilha apareçam melhor. A gordura normalmente agregada pelas gemas é substituída pelo creme de leite com alto teor de gordura.

Parta a fava de baunilha ao meio com uma faca e raspe as sementes (veja na p. 71). Coloque as sementes e a fava em uma panela média com fundo grosso, despeje o leite e o açúcar. Misture bem. Cozinhe em fogo médio, mexendo de vez em quando, até atingir 77 °C em um termômetro de leitura instantânea. Retire do fogo, tampe e deixe em infusão por 30 minutos.

Retire a fava, acrescente o creme de leite e o extrato de baunilha e misture bem. Despeje em um recipiente limpo, cubra com filme plástico e deixe na geladeira por pelo menos 8 horas.

Depois, coloque a mistura na sorveteira e processe de acordo com as instruções do fabricante.

Despeje o gelato pronto em um recipiente plástico. Cubra com filme plástico, pressionando-o contra a superfície do gelato, tampe o recipiente e coloque no congelador para endurecer bem antes de servir.

Rendimento: aproximadamente 1 litro (528 g)

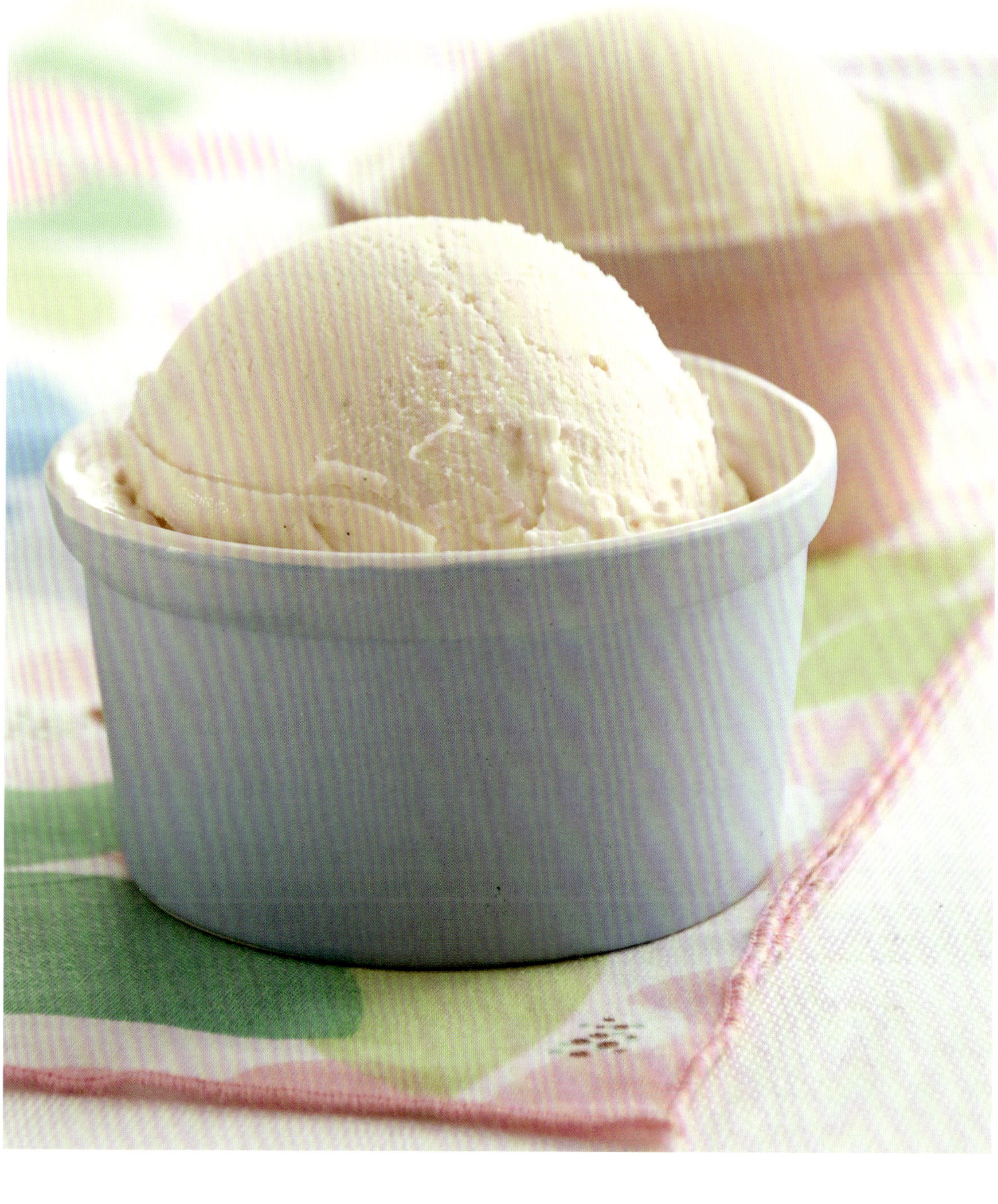

gelato de pistache

Este sabor é um clássico disponível em qualquer gelateria italiana. O preparo com a pasta do pistache ou com as sementes frescas determinará a intensidade do sabor e a cor do gelato. Ao utilizar pistache fresco, opte por sementes não salgadas. Se você não encontrar pistache não salgado, compre com sal, descarte as cascas e enxágue em água fria por cerca de 1 minuto. Deixe secar completamente antes de tostar no forno.

Toste os pistaches levemente no forno (veja na p. 71). Pique grosseiramente ¼ xícara (35 g) do pistache e reserve para misturar no gelato no final do preparo.

{FÁCIL}

¼ xícara (35 g) de sementes de pistache picadas

1½ xícara (220 g) de sementes de pistache inteiras, sem sal, cruas, sem casca e tostadas levemente

3 xícaras (710 mℓ) de leite integral, e mais um pouco, conforme necessário

Uma pitada de sal

¾ xícara (150 g) de açúcar refinado

4 gemas grandes

1 xícara (240 mℓ) de creme de leite fresco com alto teor de gordura

¼ colher de chá (1,25 mℓ) de extrato de baunilha puro

Despeje o leite em uma panela média de fundo grosso, coloque em fogo médio e cozinhe até quase ferver, aproximadamente 88 °C em um termômetro de leitura instantânea. Acrescente a 1½ xícara (220 g) de sementes inteiras de pistache tostadas e deixe cozinhar sem ferver por 15 minutos. Retire do fogo, tampe e deixe descansar por 1 hora, mexendo de vez em quando.

Trabalhando em partes, processe a mistura aquecida em um liquidificador ou em um processador de alimentos em velocidade alta até ficar quase lisa, com apenas alguns pedaços bem pequenos de pistache sobrando. Despeje em uma tigela média limpa, cubra e deixe descansar por 1 hora em temperatura ambiente.

Depois, coloque a mistura em uma tigela média, passando por um coador de malha fina ou um morim (pano para queijo) de duas camadas. Utilize uma colher de pau ou uma espátula para pressionar a pasta enquanto coa para extrair o máximo possível do leite saborizado. Meça aproximadamente 2 xícaras (473 mℓ) do leite saborizado, acrescentando leite puro se necessário para atingir o total de 473 mℓ. Transfira o leite saborizado para uma panela de fundo grosso.

Coloque a panela em fogo médio, adicione o sal e todo o açúcar exceto ¼ xícara (50 g) e cozinhe até atingir 77 °C em um termômetro de leitura instantânea.

Coloque as gemas em uma tigela média não reativa e bata com o ¼ xícara (50 g) de açúcar restante até a mistura ficar aerada e engrossar um pouco. Tempere as gemas com cuidado (veja na p. 64) com a mistura de leite quente, lentamente despejando cerca de metade do líquido quente sobre os ovos, sem parar de bater. Incorpore a mistura aquecida de ovos ao leite quente na panela, batendo bem, e volte ao fogo. Mexa sem parar com uma colher de pau ou uma espátula de silicone resistente ao calor e cozinhe a mistura em fogo médio até atingir 85 °C em um termômetro de leitura instantânea ou até que fique espessa o bastante para cobrir as costas de uma colher ou espátula; tome cuidado para que não ferva. Retire do fogo e emulsione a mistura (veja na p. 68), se não estiver completamente lisa, antes de incorporar ao creme de leite frio.

Coe o creme aquecido em uma peneira ou um coador de malha fina, despejando sobre o creme de leite gelado em banho de gelo; junte o extrato de baunilha e misture bem. Mexa (a cada 5 minutos em média) até que a mistura esteja completamente fria. Isso deve levar cerca de 30 minutos. Retire a tigela do banho de gelo, seque a base da tigela se necessário, cubra com filme plástico e deixe na geladeira por pelo menos 8 horas.

Depois, despeje a mistura na sorveteira e processe de acordo com as instruções do fabricante. Quando faltar cerca de 2 minutos para o gelato ficar pronto, acrescente o pistache picado.

Despeje o gelato pronto em um recipiente plástico. Cubra com filme plástico, pressionando-o contra a superfície do gelato, tampe o recipiente e coloque no congelador para endurecer bem antes de servir.

Rendimento: aproximadamente 1 litro (528 g)

gelato de licor de creme irlandês

É difícil identificar o que torna o licor de creme irlandês tão fascinante. Pode ser a forma como os sabores de chocolate e caramelo se harmonizam tão bem com o uísque irlandês e o creme aveludado. Felizmente, é ótimo para gelatos.

{FÁCIL}

2 xícaras (475 mℓ) de leite integral

½ xícara (120 mℓ) de creme de leite fresco com alto teor de gordura

⅔ xícara (133 g) de açúcar refinado

2 colheres de chá (2,7 g) de fécula de araruta ou amido de milho

4 gemas grandes

½ xícara (120 mℓ) de licor de creme irlandês

¼ colher de chá (1,25 mℓ) de extrato de baunilha puro

Coloque o leite e o creme de leite em uma panela média com fundo grosso. Acrescente ⅓ xícara (66 g) do açúcar e cozinhe em fogo médio, mexendo de vez em quando, até atingir 77 °C em um termômetro de leitura instantânea.

Coloque o restante do açúcar e o amido em uma tigela média não reativa e misture bem. O amido deve ficar distribuído uniformemente pelo açúcar. Junte as gemas e bata até a mistura ficar aerada e engrossar um pouco.

Tempere as gemas com cuidado (veja na p. 64) com a mistura de leite quente, lentamente despejando cerca de metade do líquido quente sobre os ovos, sem parar de bater. Incorpore a mistura aquecida de ovos ao leite quente na panela, batendo bem, e volte ao fogo. Mexa sem parar com uma colher de pau ou uma espátula de silicone resistente ao calor e cozinhe a mistura em fogo médio até atingir 85 °C em um termômetro de leitura instantânea ou até que fique espessa o bastante para cobrir as costas de uma colher ou espátula; tome cuidado para que não ferva. Retire do fogo. Emulsione a mistura (veja na p. 68), se não estiver completamente lisa, antes de incorporar ao creme de leite frio.

Despeje o licor de creme irlandês em uma tigela de vidro ou aço inox dentro de um banho de gelo (veja na p. 67).

Coe o creme aquecido em uma peneira ou um coador de malha fina, despejando sobre o licor de creme irlandês; junte o extrato de baunilha e misture bem. Mexa (a cada 5 minutos em média) até que a mistura esteja completamente fria. Isso deve levar cerca de 30 minutos. Retire a tigela do banho de gelo, seque a base da tigela se necessário, cubra com filme plástico e deixe na geladeira por pelo menos 8 horas. Depois, despeje a mistura na sorveteira e processe de acordo com as instruções do fabricante.

Despeje o gelato pronto em um recipiente plástico. Cubra com filme plástico, pressionando-o contra a superfície do gelato, tampe o recipiente e coloque no congelador para endurecer bem antes de servir.

Rendimento: aproximadamente 1 litro (528 g)

gelato de mel com gergelim torrado

Mel é um ingrediente incrível, pois adoça a receita ao mesmo tempo que dá um sabor especial. Hoje em dia é fácil encontrar mel varietal ou artesanal nos mercados. Experimente vários para ver qual lhe agrada mais.

Se não conseguir encontrar gergelim torrado para comprar, não se desespere. É fácil tostar sementes de gergelim da mesma forma que tostamos castanhas (veja na p. 71). Apenas fique de olho, pois o gergelim queima com facilidade.

{FÁCIL}

2 xícaras (475 mℓ) de leite integral

⅓ xícara (115 g) de mel de sabor forte (mais escuro)

4 gemas grandes

¼ xícara (50 g) de açúcar refinado

1 xícara (240 mℓ) de creme de leite fresco com alto teor de gordura

1 colher de chá (5 mℓ) de óleo de gergelim torrado

1½ colher de chá (4 g) de gergelim torrado

DICA › Em vez de tostar o gergelim no forno, você pode usar uma frigideira limpa e seca em fogo médio. Misture com uma colher ou uma espátula resistente à temperatura. Deixe esquentar por 30 segundos, mexa, deixe por mais 30 segundos, mexa, assim por diante, até que comece a ficar dourado. Seja muito cuidadoso pois, quando começar a dourar, o gergelim passará de perfeito a queimado em um piscar de olhos.

Coloque o leite e o mel em uma panela média de fundo grosso e misture os ingredientes. Cozinhe em fogo médio, mexendo de vez em quando, até atingir 77 °C em um termômetro de leitura instantânea.

Coloque as gemas em uma tigela média não reativa e bata com o açúcar até a mistura ficar aerada e engrossar um pouco.

Tempere as gemas com cuidado (veja na p. 64) com a mistura de leite quente, despejando lentamente cerca de metade do líquido quente sobre os ovos, sem parar de bater. Incorpore a mistura aquecida de ovos ao leite quente na panela, batendo bem, e volte ao fogo. Mexa sem parar com uma colher de pau ou uma espátula de silicone resistente ao calor e cozinhe a mistura em fogo médio até atingir 85 °C em um termômetro de leitura instantânea ou até que fique espessa o bastante para cobrir as costas de uma colher ou espátula; tome cuidado para que não ferva. Retire do fogo. Emulsione a mistura (veja na p. 68), se não estiver completamente lisa, antes de incorporar ao creme de leite frio.

Despeje o creme de leite em uma tigela de vidro ou aço inox dentro de um banho de gelo (veja na p. 67).

Coe o creme aquecido com uma peneira ou um coador de malha fina, despejando sobre o creme de leite gelado; junte o óleo e as sementes de gergelim e misture bem. Mexa (a cada 5 minutos em média) até que a mistura esteja completamente fria. Isso deve levar cerca de 30 minutos. Retire a tigela do banho de gelo, seque a base da tigela se necessário, cubra com filme plástico e deixe na geladeira por pelo menos 8 horas.

Depois, coloque a mistura na sorveteira e processe de acordo com as instruções do fabricante.

Despeje o gelato pronto em um recipiente plástico. Cubra com filme plástico, pressionando-o contra a superfície do gelato, tampe o recipiente e coloque no congelador para endurecer bem antes de servir.

Rendimento: aproximadamente 1 litro (528 g)

gelato de limão com sementes de papoula

Inspirada no amor de um amigo por *muffins* de limão com sementes de papoula, essa receita alia a cremosidade do gelato ao sabor das sementes, gerando um contraste interessante de diferentes texturas.

{FÁCIL}

Raspas de 2 limões-sicilianos grandes

¾ xícara (150 g) de açúcar refinado

2 xícaras (475 mℓ) de leite integral

1 xícara (240 mℓ) de creme de leite fresco com alto teor de gordura

Casca de 1 limão-siciliano, sem a parte branca e cortada em tiras finas

4 gemas grandes

2 colheres de chá (3,6 g) de sementes de papoula

Coloque as raspas de limão e o açúcar em um processador de alimentos e pulse até misturarem bem. A mistura pode ficar um pouco empelotada por causa da umidade das raspas.

Despeje 1 xícara (240 mℓ) do leite, o creme de leite e a casca do limão em uma panela média de fundo grosso. Acrescente ½ xícara (100 g) da mistura de limão com açúcar, reservando ¼ xícara (50 g).

Cozinhe em fogo médio, mexendo de vez em quando, até atingir 77 °C em um termômetro de leitura instantânea. Retire do fogo, tampe e deixe em infusão por 30 minutos.

Coe a mistura em uma peneira de malha fina (para reter a casca de limão) para dentro de uma panela média de fundo grosso. Coloque em fogo médio e aqueça, mexendo de vez em quando para não queimar no fundo, até atingir 77 °C em um termômetro de leitura instantânea.

Coloque as gemas em uma tigela média não reativa e bata com o ¼ xícara (50 g) do açúcar com limão restante até a mistura ficar aerada e engrossar um pouco.

Tempere as gemas com cuidado (veja na p. 64) com a mistura de leite quente, despejando lentamente cerca de metade do líquido quente sobre os ovos, sem parar de bater. Incorpore a mistura aquecida de ovos ao leite quente na panela, batendo bem, e volte ao fogo. Mexa sem parar com uma colher de pau ou uma espátula de silicone resistente ao calor e cozinhe a mistura em fogo médio até atingir 85 °C em um termômetro de leitura instantânea ou até que fique espessa o bastante para cobrir as costas de uma colher ou espátula; tome cuidado para que não ferva. Retire do fogo. Emulsione a mistura (veja na p. 68), se não estiver completamente lisa, antes de incorporar ao creme de leite frio.

Despeje a xícara (235 mℓ) de leite restante em uma tigela de vidro ou aço inox dentro de um banho de gelo (veja na p. 67).

Coe o creme aquecido com uma peneira ou um coador de malha fina, despejando sobre o leite gelado, e misture bem. Mexa (a cada 5 minutos em média) até que a mistura esteja completamente fria. Isso deve levar cerca de 30 minutos. Retire a tigela do banho de gelo, seque a base da tigela, cubra com filme plástico e deixe na geladeira por pelo menos 8 horas.

Depois, despeje a mistura na sorveteira e processe de acordo com as instruções do fabricante. Quando faltar cerca de 2 minutos para o gelato ficar pronto, acrescente as sementes de papoula. Termine de processar.

Despeje o gelato pronto em um recipiente plástico. Cubra com filme plástico, pressionando-o contra a superfície do gelato, tampe o recipiente e coloque no congelador para endurecer bem antes de servir.

Rendimento: aproximadamente 1 litro (528 g)

gelato de mirtilo com lavanda

Não consigo me lembrar muito bem da origem desta combinação diferente de sabores. Independentemente de como foi criada, a doçura dos mirtilos e as notas florais da lavanda combinam perfeitamente, criando um sabor único e viciante.

{FÁCIL}

1¾ xícara (410 mℓ) de leite integral

1¼ xícara (295 mℓ) de creme de leite fresco com alto teor de gordura, em medidas separadas

2 colheres de chá (2 g) de botões secos de lavanda orgânica (veja a nota)

1 xícara (200 g) de açúcar refinado

4 gemas grandes

3 colheres de sopa (60 g) de geleia natural de mirtilo

2 colheres de chá (10 mℓ) de suco de limão-siciliano recém-espremido e coado

1 xícara (cerca de 330 g) de purê de mirtilos, feito com 3 xícaras de mirtilos frescos (melhor) ou congelados (veja na p. 63)

Coloque o leite, ¼ de xícara (60 mℓ) de creme de leite e a lavanda em uma panela média, e aqueça até começar a ferver. Retire do fogo, tampe e deixe em infusão por 15 minutos. Coe para remover a lavanda, pressionando para extrair o máximo de líquido possível. Acrescente creme de leite conforme necessário para atingir a medida de 2 xícaras (475 mℓ) de líquido depois de coar. Coloque o leite de lavanda e ¾ xícara de açúcar em uma panela média com fundo grosso, e leve ao fogo médio. Aqueça, mexendo de vez em quando, até atingir 77 °C em um termômetro de leitura instantânea.

Coloque as gemas em uma tigela média não reativa e bata com o açúcar restante até a mistura ficar aerada.

Tempere as gemas com cuidado (veja na p. 64) com a mistura de leite quente, despejando lentamente cerca de metade do líquido quente sobre os ovos, sem parar de bater. Incorpore a mistura de ovos aquecidos na panela ao leite e creme de leite quentes, acrescente a geleia de mirtilo, misture bem e volte ao fogo. Mexa sem parar com uma colher de pau ou uma espátula de silicone resistente ao calor e cozinhe a mistura em fogo médio até atingir 85 °C em um termômetro de leitura instantânea ou até que fique espessa o bastante para cobrir as costas de uma colher ou espátula; tome cuidado para que não ferva. Retire do fogo. Emulsione a mistura (veja na p. 68) se não estiver completamente lisa.

Em uma tigela média não reativa, bata o suco de limão com o purê de mirtilos.

Coe o creme quente com uma peneira ou um coador de malha fina sobre uma tigela limpa previamente colocada dentro de um banho de gelo (veja na p. 67). Enquanto bate, acrescente a mistura de limão com o purê de fruta, até incorporar bem. Mexa (a cada 5 minutos em média) até que a mistura esteja completamente fria, cerca de 30 minutos. Retire a tigela do banho de gelo, seque a base se necessário, cubra com filme plástico e deixe na geladeira por pelo menos 8 horas.

Depois, coloque a mistura na sorveteira e processe de acordo com as instruções do fabricante.

Despeje o gelato pronto em um recipiente plástico. Cubra com filme plástico, pressionando-o contra a superfície do gelato, tampe o recipiente e coloque no congelador para endurecer bem antes de servir.

Rendimento: aproximadamente 1 litro (528 g)

Nota: Botões de lavanda costumam ser vendidos em lojas de alimentos saudáveis e naturais.

gelato de chocolate

Os verdadeiros chocólatras podem usar chocolate com porcentagem maior de cacau. Da mesma forma, se seu paladar prefere um sabor mais leve, você pode usar chocolate ao leite no lugar do meio amargo.

Coloque o leite em uma panela média de fundo grosso. Misture o cacau em pó com ¾ xícara (150 g) do açúcar em uma tigela pequena e incorpore ao leite frio na panela usando um batedor. Coloque em fogo médio e aqueça o leite até atingir entre 82 °C e 88 °C em um termômetro de leitura instantânea. Continue aquecendo e cozinhando nessa temperatura por 5 minutos, mexendo sempre.

{MÉDIO}

2 xícaras (475 mℓ) de leite integral

2 colheres (sopa) mais 1 colher de chá (14 g) de cacau em pó não adoçado de processo holandês

1 xícara (200 g) de açúcar refinado

170 g de chocolate amargo bem picado

4 gemas grandes

Uma pitada de sal

1 xícara (240 mℓ) de creme de leite fresco com alto teor de gordura

¾ colher de chá (3,75 mℓ) de extrato de baunilha puro

Retire do fogo, incorpore o chocolate picado e misture até que derreta por completo. Coloque as gemas em uma tigela média não reativa e bata com o ¼ xícara (50 g) de açúcar restante e o sal até a mistura ficar aerada e engrossar um pouco.

Tempere as gemas com cuidado (veja na p. 64) com a mistura de leite, despejando lentamente cerca de metade do líquido quente sobre os ovos, sem parar de bater. Incorpore a mistura de ovos aquecida ao leite quente e volte ao fogo. Mexa sem parar com uma colher de pau ou uma espátula de silicone resistente ao calor e cozinhe em fogo médio até atingir 85 °C em um termômetro de leitura instantânea ou até que fique espessa o bastante para cobrir as costas de uma colher ou espátula; tome cuidado para que não ferva. Retire do fogo. Emulsione a mistura (veja na p. 68), se não estiver completamente lisa, antes de incorporar ao creme de leite frio.

Coloque o creme de leite em uma tigela de vidro ou aço inox dentro de um banho de gelo (veja na p. 67).

Coe o creme de chocolate aquecido em uma peneira ou um coador de malha fina, despejando sobre o creme de leite gelado; junte o extrato de baunilha e misture bem. Mexa (a cada 5 minutos em média) até que a mistura esteja completamente fria. Isso deve levar cerca de 30 minutos. Retire a tigela do banho de gelo, seque a base da tigela se necessário, cubra com filme plástico e deixe na geladeira por pelo menos 8 horas.

Depois, coloque a mistura na sorveteira e processe de acordo com as instruções do fabricante.

Despeje o gelato pronto em um recipiente plástico. Cubra com filme plástico, pressionando-o contra a superfície do gelato, tampe o recipiente e coloque no congelador para endurecer bem antes de servir.

Rendimento: aproximadamente 1 litro (528 g)

VARIAÇÕES

Gelato de chocolate com baunilha › A baunilha acrescenta notas frutadas/florais ao chocolate. Parta uma fava de baunilha ao meio no sentido do comprimento e raspe as sementes para dentro do leite, colocando a fava junto. Aqueça até um pouco antes da fervura. Retire do fogo, tampe e deixe em infusão por 15 a 20 minutos. Remova a fava e siga a receita do gelato de chocolate desde o primeiro passo.

Gelato de brownie › Use brownies comprados prontos ou preparados do zero. Coloque os brownies em uma assadeira e depois no congelador. Quando estiverem congelados, retire do congelador e deixe descongelar por 15 a 20 minutos. Use uma faca afiada para cortar os brownies em cubinhos. Misture 1 xícara (150 g) ou mais dos cubinhos de brownie no gelato um pouco antes de ele ficar pronto na sorveteira, normalmente 2 minutos antes do término do processo. Deixe o gelato endurecer no congelador antes de servir, como indicado.

gelato de café *espresso*

O café *espresso*, assim como o gelato, é tipicamente italiano. No verão, tomo uma bola de gelato de *espresso* depois do jantar em vez de um *espresso*. No inverno, coloco uma bola dentro do meu chocolate quente para dar um toque de café *mocha*. O sabor deste gelato depende dos grãos de café; sua qualidade e frescor são importantíssimos.

{MÉDIO}

2¾ xícaras (650 mℓ) de leite integral, e mais um pouco conforme necessário

1 xícara (70 g) de grãos de café de torra escura

1 xícara (200 g) de açúcar refinado

4 gemas grandes

1 xícara (235 mℓ) de creme de leite fresco com alto teor de gordura

¼ colher de chá (1,25 mℓ) de extrato de baunilha puro

Despeje o leite em uma panela média de fundo grosso, coloque em fogo médio e cozinhe, mexendo de vez em quando, até atingir 88 °C em um termômetro de leitura instantânea. Retire do fogo, acrescente os grãos de café, tampe e deixe em infusão por 15 minutos.

Trabalhe por partes, se necessário, e processe a mistura aquecida em um liquidificador ou um processador de alimentos em velocidade média, até obter uma mistura de cor marrom ou bege – como café com leite.

Despeje em uma tigela média limpa, cubra e deixe descansar por 15 minutos em temperatura ambiente. Coe a mistura em uma peneira de malha fina e, se precisar, complete com leite até obter 2 xícaras (475 mℓ).

Despeje a mistura em uma panela média e leve ao fogo médio. Acrescente ¾ xícara (150 g) do açúcar e aqueça, mexendo de vez em quando para não queimar no fundo, até atingir 77 °C em um termômetro de leitura instantânea.

Coloque as gemas em uma tigela média não reativa e bata com o ¼ xícara (50 g) de açúcar restante até a mistura ficar aerada e engrossar um pouco.

Tempere as gemas com cuidado (veja na p. 64) com a mistura de leite quente, despejando lentamente cerca de metade do líquido quente sobre os ovos, sem parar de bater. Coloque a mistura aquecida de ovos na panela com o leite quente e volte ao fogo. Mexa sem parar com uma colher de pau ou uma espátula de silicone resistente ao calor e cozinhe a mistura em fogo médio até atingir 85 °C em um termômetro de leitura instantânea ou até que fique espessa o bastante para cobrir as costas de uma colher ou uma espátula; tome cuidado para que não ferva. Retire do fogo e coe para dentro de um liquidificador com uma peneira de malha fina para retirar todos os pedaços de grão de café. Emulsione a mistura (veja na p. 68), se não estiver completamente lisa, antes de incorporar ao creme de leite frio.

Coloque o creme de leite em uma tigela de vidro ou aço inox dentro de um banho de gelo (veja na p. 67).

Despeje o creme de café coado e espremido sobre o creme de leite gelado, junte o extrato de baunilha e misture bem. Mexa (a cada 5 minutos em média) até que a mistura esteja completamente fria. Isso deve levar cerca de 30 minutos.

Retire a tigela do banho de gelo, seque a base dela se necessário, cubra com filme plástico e deixe na geladeira por pelo menos 8 horas.

Depois, coloque a mistura na sorveteira e processe de acordo com as instruções do fabricante.

Despeje o gelato pronto em um recipiente plástico. Cubra com filme plástico, pressionando-o contra a superfície do gelato, tampe o recipiente e coloque no congelador para endurecer bem antes de servir.

Rendimento: aproximadamente 1 litro (528 g)

gelato de macadâmia

Criei este gelato originalmente para um *chef* local que ama biscoitos com macadâmias e queria uma alternativa gelada para usar em suas sobremesas. Se for difícil encontrar macadâmias ou se você não gosta, substitua por outra castanha, como a de caju ou do Brasil, que são similares em textura e quantidade de gordura.

{MÉDIO}

3 xícaras (710 mℓ) de leite integral, mais um pouco conforme necessário

2 xícaras (290 g) de macadâmias cruas, sem casca e picadas grosseiramente

Uma pitada de sal

¾ xícara (150 g) de açúcar refinado

4 gemas grandes

1 xícara (240 mℓ) de creme de leite fresco com alto teor de gordura

¼ colher de chá (1,25 mℓ) de extrato de baunilha puro

Despeje o leite em uma panela média de fundo grosso, coloque em fogo médio e cozinhe, mexendo de vez em quando, até atingir 88 °C em um termômetro de leitura instantânea. Acrescente 1¾ xícara (255 g) das macadâmias e deixe cozinhar abaixo da fervura por 10 minutos. Retire do fogo, tampe e deixe descansar por 15 minutos, mexendo de vez em quando.

Trabalhando em partes, processe a mistura aquecida em um liquidificador ou um processador de alimentos até ficar completamente lisa. Deixe a mistura descansar por 1 hora. Se sobrarem pedaços visíveis de macadâmia, será necessário coar a mistura antes de continuar. Para fazer isso, despeje-a em uma tigela média, passando-a por um coador de malha fina ou um morim (pano para queijo) de duas camadas. Use uma colher de pau ou uma espátula para pressionar enquanto coa e assim extrair o máximo possível do leite saborizado. Meça antes de passar para um recipiente limpo e, se precisar, complete com leite até obter 2 xícaras (475 mℓ) de líquido. Coloque em uma panela média, acrescente o sal e ½ xícara (100 g) do açúcar e leve ao fogo médio-alto. Aqueça, mexendo de vez em quando para não queimar no fundo, até atingir 77 °C em um termômetro de leitura instantânea.

Coloque as gemas em uma tigela média não reativa e bata com o ¼ xícara (50 g) de açúcar restante, até a mistura ficar aerada e engrossar um pouco.

Tempere as gemas com cuidado (veja na p. 64) com a mistura de leite quente, despejando lentamente cerca de metade do líquido quente sobre os ovos, sem parar de bater. Incorpore a mistura aquecida de ovos ao leite quente na panela, batendo bem, e volte ao fogo. Mexa sem parar com uma colher de pau ou uma espátula de silicone resistente ao calor e cozinhe a mistura em fogo médio até atingir 85 °C em um termômetro de leitura instantânea ou até que fique espessa o bastante para cobrir as costas de uma colher ou espátula; tome cuidado para que não ferva. Retire do fogo. Emulsione a mistura (veja na p. 68), se não estiver completamente lisa, antes de incorporar ao creme de leite frio.

Despeje o creme de leite em uma tigela de vidro ou aço inox dentro de um banho de gelo (veja na p. 67).

Coe o creme aquecido em uma peneira ou um coador de malha fina, despejando sobre o creme de leite gelado; junte o extrato de baunilha e misture bem. Mexa (a cada 5 minutos em média) até que a mistura esteja completamente fria. Isso deve levar cerca de 30 minutos. Retire a tigela do banho de gelo, seque a base dela, cubra com filme plástico e deixe na geladeira por pelo menos 8 horas.

Depois, despeje a mistura na sorveteira e processe de acordo com as instruções do fabricante. Quando faltar cerca de 2 minutos para o gelato ficar pronto, acrescente as macadâmias picadas. Termine de processar.

Despeje o gelato pronto em um recipiente plástico. Cubra com filme plástico, pressionando-o contra a superfície do gelato, tampe o recipiente e coloque no congelador para endurecer bem antes de servir.

Rendimento: aproximadamente 1 litro (528 g)

gelato de creme com biscoitos

Eu não poderia deixar de incluir este sabor. É o gelato mais popular da minha loja e um sabor encontrado em praticamente todas as sorveterias. Esta combinação, inspirada no biscoito recheado, é uma das melhores que há: biscoitos crocantes de chocolate e creme de baunilha aveludado.

{MÉDIO}

2 xícaras (470 mℓ) de leite integral

¾ xícara (150 g) de açúcar refinado

4 gemas grandes

1 xícara (235 mℓ) de creme de leite fresco com alto teor de gordura

½ colher de chá (2,5 mℓ) de extrato de baunilha puro

5 bolachas de chocolate recheadas, sem o recheio, picadas em pedaços médios e finos

Coloque o leite em uma panela média de fundo grosso e acrescente ½ xícara (100 g) do açúcar. Misture bem. Cozinhe em fogo médio, mexendo de vez em quando, até atingir 77 °C em um termômetro de leitura instantânea.

Coloque as gemas em uma tigela média não reativa e bata com o ¼ xícara (50 g) de açúcar restante até a mistura ficar aerada e engrossar um pouco.

Tempere as gemas com cuidado (veja na p. 64) com a mistura de leite quente, despejando lentamente cerca de metade do líquido quente sobre os ovos, sem parar de bater. Despeje a mistura aquecida de ovos na panela com o leite quente e volte ao fogo. Mexa sem parar com uma colher de pau ou uma espátula de silicone resistente ao calor e cozinhe a mistura em fogo médio até atingir 85 °C em um termômetro de leitura instantânea ou até que fique espessa o bastante para cobrir as costas de uma colher ou espátula; tome cuidado para que não ferva. Retire do fogo. Emulsione a mistura (veja na p. 68), se não estiver completamente lisa, antes de incorporar ao creme de leite frio.

Coloque o creme de leite em uma tigela de vidro ou aço inox dentro de um banho de gelo (veja na p. 67).

Coe o creme aquecido em uma peneira ou um coador de malha fina, despejando sobre o creme de leite gelado; junte o extrato de baunilha e misture bem. Mexa (a cada 5 minutos em média) até que a mistura esteja completamente fria. Isso deve levar cerca de 30 minutos. Retire a tigela do banho de gelo, seque a base dela, cubra com filme plástico e deixe na geladeira por pelo menos 8 horas.

De 3 a 4 horas antes de processar a mistura na sorveteira, coloque as bolachas picadas em uma assadeira forrada com papel-manteiga e leve ao congelador, até congelarem completamente.

Quando estiver pronta, despeje a mistura na sorveteira e processe de acordo com as instruções do fabricante.

Tire o gelato da sorveteira, misture as bolachas picadas e congeladas, e coloque em um recipiente plástico. Cubra com filme plástico, pressionando o filme contra a superfície do gelato, tampe o recipiente e coloque no congelador para endurecer bem antes de servir.

Rendimento: aproximadamente 1 litro (528 g)

stracciatella

Stracciatella vem da palavra que significa "farrapos" em italiano, e se refere aos flocos de chocolate que parecem pedacinhos de tecido rasgado. Este gelato é a versão italiana do famoso sorvete de flocos. Se preparar a calda da *stracciatella* for muito trabalhoso, substitua-a por gotas ou raspas de chocolate prontas da melhor qualidade possível.

{MÉDIO}

PARA O GELATO:

2 xícaras (475 mℓ) de leite integral

¾ xícara (150 g) de açúcar refinado

4 gemas grandes

1 xícara (240 mℓ) de creme de leite fresco com alto teor de gordura

¼ colher de chá (1,25 mℓ) de extrato de baunilha puro

PARA A CALDA DE *STRACCIATELLA*:

115 g de chocolate meio amargo bem picado

1 colher de chá (5 mℓ) de óleo de coco (preferível) ou outro óleo vegetal neutro

Para fazer o gelato: Coloque o leite e ½ xícara (100 g) do açúcar em uma panela média de fundo grosso e misture bem. Cozinhe em fogo médio, mexendo de vez em quando, até atingir 77 °C em um termômetro de leitura instantânea.

Coloque as gemas em uma tigela média não reativa e bata com o ¼ xícara (50 g) de açúcar restante até a mistura ficar aerada e engrossar um pouco.

Tempere as gemas com cuidado (veja na p. 64) com a mistura de leite quente, despejando lentamente cerca de metade do líquido quente sobre os ovos, sem parar de bater. Coloque a mistura aquecida de ovos na panela com o leite quente e volte ao fogo. Mexa sem parar com uma colher de pau ou uma espátula de silicone resistente ao calor e cozinhe a mistura em fogo médio até atingir 85 °C em um termômetro de leitura instantânea ou até que fique espessa o bastante para cobrir as costas de uma colher ou espátula; tome cuidado para que não ferva. Retire do fogo. Emulsione a mistura (veja na p. 68), se não estiver completamente lisa, antes de incorporar ao creme de leite frio.

Despeje o creme de leite em uma tigela de vidro ou aço inox dentro de um banho de gelo (veja na p. 67).

Coe o creme aquecido em uma peneira ou um coador de malha fina, despejando sobre o creme de leite gelado; junte o extrato de baunilha e misture bem. Mexa (a cada 5 minutos em média) até que a mistura esteja completamente fria. Isso deve levar cerca de 30 minutos. Retire a tigela do banho de gelo, seque a base da tigela se necessário, cubra com filme plástico e deixe na geladeira por pelo menos 8 horas.

Depois, despeje a mistura na sorveteira e processe de acordo com as instruções do fabricante. Quando faltar cerca de 2 minutos para o gelato ficar pronto, despeje lentamente a calda de *stracciatella*. A calda deve estar morna e líquida, mas não quente. Termine de processar.

Despeje o gelato pronto em um recipiente plástico. Cubra com filme plástico, pressionando-o contra a superfície do gelato, tampe o recipiente e coloque no congelador para endurecer bem antes de servir.

Para fazer a calda de *stracciatella*: Misture o chocolate e o óleo em uma tigela pequena que possa ser levada ao micro-ondas e derreta em potência média por cerca de 1 minuto, dependendo da potência do seu aparelho. Fique de olho no chocolate enquanto derrete, para que não superaqueça e queime. Tire do micro-ondas a cada 20 ou 30 segundos para misturar. Retire quando estiver completamente derretido e liso. Deixe a calda esfriar um pouco antes de acrescentar ao gelato que está sendo preparado na sorveteira, como indicado na receita (a calda também pode ser preparada em banho-maria no fogão).

Rendimento: aproximadamente 1 litro (528 g)

gelato de hortelã com chocolate

Hortelã com chocolate é uma combinação que nunca sai de moda. O sabor do gelato depende da potência e do frescor da hortelã e da quantidade utilizada. Se a quantidade especificada não lhe agrada, você pode aumentá-la ou diminuí-la como quiser. Da mesma forma, se prefere chocolate ao leite, use-o no lugar do meio amargo. Há espaço para ajustes, apenas seja cuidadoso com as alterações que irá fazer.

{MÉDIO}

2 xícaras (480 mℓ) de leite integral

¾ xícara (150 g) de açúcar refinado

2 xícaras (levemente compactadas) de folhas de hortelã frescas, lavadas e secas

4 gemas grandes

1 xícara (240 mℓ) de creme de leite fresco com alto teor de gordura

¼ colher de chá (1,25 mℓ) de extrato de baunilha puro

½ xícara (90 g) de chocolate meio amargo picado

DICA › Para dar um sabor mais intenso e uma cor mais vibrante ao gelato, reserve ½ xícara (100 g) das folhas de hortelã antes de fazer a primeira infusão. Depois de fazer o creme, acrescente as folhas reservadas e emulsione completamente, deixando pedaços de hortelã no meio. Se quiser um sabor ainda mais intenso, acrescente ¼ colher de chá (1,25 mℓ) de extrato de hortelã puro.

Coloque o leite em uma panela média de fundo grosso. Acrescente cerca de ½ xícara (100 g) do açúcar, coloque em fogo médio e cozinhe, mexendo de vez em quando, até atingir 77 °C em um termômetro de leitura instantânea. Retire do fogo, acrescente as folhas de hortelã e misture para que fiquem completamente submersas (não se preocupe se flutuarem para a superfície). Cubra e deixe em infusão por 2 horas (quanto mais tempo durar a infusão, mais forte será o sabor de hortelã).

Coe em uma peneira de malha fina para dentro de uma panela média de fundo grosso, pressionando as folhas para extrair o máximo possível de sabor. Descarte as folhas e coloque a mistura de volta no fogo médio. Aqueça, mexendo de vez em quando para não queimar no fundo, até atingir 77 °C em um termômetro de leitura instantânea.

Coloque as gemas em uma tigela média não reativa e bata com o ¼ xícara (50 g) de açúcar restante até a mistura ficar aerada e engrossar um pouco.

Tempere as gemas com cuidado (veja na p. 64) com a mistura de leite quente, despejando lentamente cerca de metade do líquido quente sobre os ovos, sem parar de bater. Coloque a mistura aquecida de ovos na panela com o leite quente e volte ao fogo. Mexa sem parar com uma colher de pau ou uma espátula de silicone resistente ao calor e cozinhe a mistura em fogo médio até atingir 85 °C em um termômetro de leitura instantânea ou até que fique espessa o bastante para cobrir as costas de uma colher ou espátula; tome cuidado para que não ferva. Retire do fogo. Emulsione a mistura (veja na p. 68), se não estiver completamente lisa, antes de incorporar ao creme de leite frio.

Coloque o creme de leite em uma tigela de vidro ou aço inox dentro de um banho de gelo (veja na p. 67).

Coe o creme aquecido em uma peneira ou um coador de malha fina, despejando sobre o creme de leite gelado; junte o extrato de baunilha e misture bem. Mexa (a cada 5 minutos em média) até que a mistura esteja completamente fria. Isso deve levar cerca de 30 minutos. Retire a tigela do banho de gelo, seque a base da tigela se necessário, cubra com filme plástico e deixe na geladeira por pelo menos 8 horas.

Depois, despeje a mistura na sorveteira e processe de acordo com as instruções do fabricante. Quando faltar cerca de 2 minutos para ficar pronto, acrescente aos poucos o chocolate picado. Termine de processar o gelato.

Despeje o gelato pronto em um recipiente plástico. Cubra com filme plástico, pressionando-o contra a superfície do gelato, tampe o recipiente e coloque no congelador para endurecer bem antes de servir.

Rendimento: aproximadamente 1 litro (528 g)

gelato de chocolate ao leite com pedaços

Este gelato é feito com cacau em pó e chocolate ao leite para não sobrecarregar o paladar. Se quiser intensificar o sabor, use chocolate meio amargo em vez de ao leite. Para uma textura mais lisa, não acrescente o chocolate picado.

{MÉDIO}

2 xícaras (475 mℓ) de leite integral

2 colheres de sopa mais 1 colher de chá (14 g) de cacau em pó não adoçado de processo holandês

1 xícara (200 g) de açúcar refinado

170 g de chocolate ao leite bem picado

4 gemas grandes

Uma pitada de sal

1 xícara (240 mℓ) de creme de leite fresco com alto teor de gordura

¾ colher de chá (3,75 mℓ) de extrato de baunilha puro, opcional

½ xícara (88 g) de chocolate ao leite picado

Coloque o leite em uma panela média de fundo grosso. Misture o cacau em pó com ¾ xícara (150 g) do açúcar em uma tigela pequena e incorpore ao leite frio na panela usando um batedor. Coloque em fogo médio e aqueça até atingir entre 82 °C e 88 °C em um termômetro de leitura instantânea. Continue aquecendo e cozinhando nessa temperatura por 5 minutos, mexendo sempre.

Retire do fogo, deixe esfriar por 5 minutos, adicione o chocolate bem picado e misture até que derreta por completo.

Coloque as gemas em uma tigela média não reativa e bata com o ¼ de xícara (50 g) do açúcar restante e o sal, até a mistura ficar aerada e engrossar um pouco.

Tempere as gemas com cuidado (veja na p. 64) com a mistura de leite quente com chocolate, despejando lentamente cerca de metade do líquido quente sobre os ovos, sem parar de bater. Adicione a mistura aquecida de ovos ao leite quente na panela, batendo bem, e volte ao fogo. Mexa sem parar com uma colher de pau ou uma espátula de silicone resistente ao calor e cozinhe a mistura em fogo médio até atingir 85 °C em um termômetro de leitura instantânea ou até que fique espessa o bastante para cobrir as costas de uma colher ou espátula; tome cuidado para que não ferva. Retire do fogo. Emulsione a mistura (veja na p. 68), se não estiver completamente lisa, antes de incorporar ao creme de leite frio.

Despeje o creme de leite em uma tigela de vidro ou aço inox dentro de um banho de gelo (veja na p. 67).

Coe o creme de chocolate aquecido em uma peneira ou um coador de malha fina, despejando sobre o creme de leite gelado; junte o extrato de baunilha e misture bem. Mexa (a cada 5 minutos em média) até que a mistura esteja completamente fria. Isso deve levar cerca de 30 minutos. Retire a tigela do banho de gelo, seque a base da tigela se necessário, cubra com filme plástico e deixe na geladeira por pelo menos 8 horas.

Depois, coloque a mistura na sorveteira e processe de acordo com as instruções do fabricante. Quando faltar cerca de 2 minutos para o gelato ficar pronto, acrescente aos poucos o chocolate picado. Termine de processar.

Despeje o gelato pronto em um recipiente plástico. Cubra com filme plástico, pressionando-o contra a superfície do gelato, tampe o recipiente e coloque no congelador para endurecer bem antes de servir.

Rendimento: aproximadamente 1 litro (528 g)

gelato de chocolate com pimenta

A primeira vez que tentei fazer este gelato foi um desastre. A combinação de pimentas ficou tão ardida que vendi apenas uma porção na minha loja, para uma cliente que comprou para seu marido por vingança!

Esta versão revisada usa apenas um tipo de pimenta e o nível de ardência foi reduzido. Lembre-se de que, independentemente da pimenta, é difícil saber o grau de ardência até provar. Então não fique surpreso se esta receita ficar mais picante em certas ocasiões do que em outras.

{MÉDIO}

2 xícaras (475 ml) de leite integral

2 pimentas grandes ou 3 pequenas, inteiras e secas, tipo ancho

2 colheres de sopa mais 1 colher de chá (14 g) de cacau em pó não adoçado de processo holandês

1 xícara (200 g) de açúcar refinado

170 g de chocolate amargo bem picado

4 gemas grandes

Uma pitada de sal

2 pitadas de pimenta-caiena, opcional

1 xícara (240 ml) de creme de leite fresco com alto teor de gordura

¾ colher de chá (3,75 ml) de extrato de baunilha puro, opcional

Despeje o leite em uma panela média de fundo grosso, coloque em fogo médio e cozinhe, mexendo de vez em quando, até atingir 77 °C em um termômetro de leitura instantânea. Retire do fogo, acrescente as pimentas secas, tampe e deixe em infusão por 45 minutos.

Use uma escumadeira para tirar as pimentas do leite. Corte os talos e remova as sementes com cuidado, descarte-os e reserve as pimentas até a hora de usar.

Misture o cacau em pó com ¾ de xícara (150 g) do açúcar em uma tigela pequena e incorpore à mistura de leite com pimenta na panela usando um batedor. Volte a mistura ao fogo médio. Continue aquecendo e cozinhe mantendo a temperatura entre 82 °C e 88 °C por 5 minutos, mexendo sempre.

Retire do fogo, adicione o chocolate amargo picado (170 g) e misture até que derreta por completo.

Coloque as gemas em uma tigela média não reativa e bata com o ¼ de xícara (50 g) de açúcar restante e o sal, até a mistura ficar aerada e engrossar um pouco.

Tempere as gemas com cuidado (veja na p. 64) com a mistura de leite quente com chocolate, despejando lentamente cerca de metade do líquido quente sobre os ovos, sem parar de bater. Adicione a mistura aquecida de ovos ao leite quente na panela, batendo bem, e volte ao fogo. Mexa sem parar com uma colher de pau ou uma espátula de silicone resistente ao calor e cozinhe a mistura em fogo médio até atingir 85 °C em um termômetro de leitura instantânea ou até que fique espessa o bastante para cobrir as costas de uma colher ou espátula; tome cuidado para que não ferva. Retire do fogo.

Despeje o creme em um liquidificador e acrescente as pimentas ancho sem sementes e a pimenta-caiena, se for usar. Bata em velocidade alta por 30 segundos ou até que ele fique uniforme e emulsionado.

Coloque o creme de leite em uma tigela de vidro ou aço inox dentro de um banho de gelo (veja na p. 67).

Coe o creme batido em uma peneira ou um coador de malha fina, despejando sobre o creme de leite gelado; junte o extrato de baunilha, se for usar, e misture bem. Mexa (a cada 5 minutos em média) até que a mistura esteja completamente fria. Isso deve levar cerca de 30 minutos. Retire a tigela do banho de gelo, seque a base, cubra com filme plástico e deixe na geladeira por pelo menos 8 horas.

Depois, despeje a mistura na sorveteira e processe de acordo com as instruções do fabricante.

Despeje o gelato pronto em um recipiente plástico. Cubra com filme plástico, pressionando-o contra a superfície do gelato, tampe o recipiente e coloque no congelador para endurecer bem antes de servir.

Rendimento: aproximadamente 1 litro (528 g)

gelato de pimenta-rosa

O nome "pimenta-rosa" é um pouco enganador, pois o sabor é mais floral e frutado do que picante, o que faz com que ela seja um agente de sabor ideal para o creme. Tenho certeza de que você ficará positivamente surpreso ao provar este gelato.

{MÉDIO}

2 xícaras (475 mℓ) de leite integral

1 xícara (240 mℓ) de creme de leite fresco com alto teor de gordura

¾ xícara (150 g) de açúcar refinado

⅛ xícaras mais 1 colher de sopa (15 g) de grãos de pimenta-rosa, levemente esmagados

4 gemas grandes

½ colher de chá (2,5 mℓ) de extrato de baunilha

Coloque o leite e ¼ de xícara (60 mℓ) do creme de leite, ½ xícara (100 g) do açúcar e os grãos esmagados de pimenta-rosa em uma panela média de fundo grosso, e misture bem. Cozinhe em fogo médio, mexendo de vez em quando, até atingir 88 °C em um termômetro de leitura instantânea. Retire do fogo, tampe e deixe em infusão por 1 hora.

Coe a mistura em uma peneira de malha fina (para retirar os grãos) para dentro de uma panela média de fundo grosso. Use uma colher de pau ou uma espátula para pressionar os grãos na peneira enquanto coa e assim extrair o máximo de sabor possível. Coloque a mistura de volta no fogão em fogo médio-alto. Aqueça, mexendo de vez em quando para não queimar no fundo, até atingir 77 °C em um termômetro de leitura instantânea.

Coloque as gemas em uma tigela média não reativa e bata com o ¼ xícara (50 g) de açúcar restante até a mistura ficar aerada e engrossar um pouco.

Tempere as gemas com cuidado (veja na p. 64) com a mistura de leite quente, despejando lentamente cerca de metade do líquido quente sobre os ovos, sem parar de bater. Adicione a mistura aquecida de ovos ao leite quente na panela, batendo bem, e volte ao fogo. Mexa sem parar com uma colher de pau ou uma espátula de silicone resistente ao calor e cozinhe a mistura em fogo médio até atingir 85 °C em um termômetro de leitura instantânea ou até que fique espessa o bastante para cobrir as costas de uma colher ou espátula; tome cuidado para que não ferva. Retire do fogo e emulsione a mistura (veja na p. 68), se não estiver completamente lisa, antes de incorporar ao creme de leite frio.

Despeje os ¾ de xícara (180 mℓ) de creme de leite restante em uma tigela de vidro ou aço inox dentro de um banho de gelo (veja na p. 67).

Coe o creme aquecido em uma peneira ou um coador de malha fina, despejando sobre o creme de leite gelado; junte o extrato de baunilha e misture bem. Mexa (a cada 5 minutos em média) até que a mistura esteja completamente fria. Isso deve levar cerca de 30 minutos. Retire a tigela do banho de gelo, seque a base da tigela, cubra com filme plástico e deixe na geladeira por pelo menos 8 horas.

Depois, despeje a mistura na sorveteira e processe de acordo com as instruções do fabricante. Coloque o gelato pronto em um recipiente plástico. Cubra com filme plástico, pressionando-o contra a superfície do gelato, tampe o recipiente e coloque no congelador para endurecer bem antes de servir.

Rendimento: aproximadamente 1 litro (528 g)

gelato de chocolate meio amargo com laranja

Chocolate meio amargo com laranja é uma combinação que existe desde a chegada do chocolate à Europa. A casca de laranja cristalizada gera sabor e textura ao gelato.

{MÉDIO}

PARA A CASCA DE LARANJA CRISTALIZADA:

4 laranjas grandes com cascas perfeitas

6 xícaras (1,2 kg) de açúcar

PARA O GELATO:

Raspas de 2 laranjas grandes ou 3 médias

1 xícara (200 g) de açúcar refinado

2 colheres de sopa mais 1 colher de chá (14 g) de cacau em pó não adoçado de processo holandês

2 xícaras (475 mℓ) de leite integral

170 g de chocolate amargo bem picado

4 gemas grandes

Uma pitada de sal

1 xícara (240 mℓ) de creme de leite fresco com alto teor de gordura

½ colher de chá (2,5 mℓ) de extrato de baunilha puro

½ receita de casca de laranja cristalizada ou casca cristalizada comprada pronta de alta qualidade, bem picada

Para fazer a casca de laranja cristalizada: Encha três panelas de 3,8 ℓ com água e leve à fervura. Corte cada laranja na vertical (atravessando a base do talo) em 8 gomos. Descasque e guarde a casca de cada gomo.

Apare as pontas dos gomos e corte cada casca em tiras com 3,75 a 5 cm e 6 mm de largura. Descarte qualquer tira fora desse padrão.

Quando a água ferver, coloque as tiras em uma panela, mantendo-as submersas com uma colher se necessário. Deixe ferver completamente de novo e continue fervendo por mais 2 minutos. Escorra e transfira as cascas para a segunda panela de água fervente. Ferva novamente por 2 minutos. Escorra. Transfira as cascas para a terceira panela de água. Cozinhe por 2 minutos. Escorra bem.

Em outra panela funda, misture 5 xícaras (1 kg) de açúcar com 5 xícaras (1,2 ℓ) de água. Ferva em fogo médio até que o açúcar se dissolva. Acrescente as cascas no xarope de açúcar, certificando-se de que fiquem submersas. Coloque um termômetro de açúcar e ferva, mexendo de tempos em tempos, até que ele marque 114 °C. As cascas devem estar translúcidas nesse momento.

Escorra as cascas e transfira para uma grade de confeiteiro sobre uma assadeira de biscoitos ou uma folha de papel-manteiga. Deixe que sequem sem sobrepô-las, em um local morno e seco da noite para o dia, até que estejam menos grudentas.

Reserve metade das cascas e pique em cubinhos (para a receita do gelato). Coloque o restante em uma tigela grande e misture bem com a xícara (200 g) de açúcar restante, para cobrir uniformemente. Armazene em um recipiente tampado em temperatura ambiente. Se as cascas ficarem úmidas ou grudentas novamente, passe no açúcar mais uma vez.

Para fazer o gelato: Coloque as raspas de laranja e 1 xícara (200 g) de açúcar em um processador de alimentos e pulse até que misturem bem. A mistura pode ficar um pouco empelotada por causa da umidade das raspas.

Misture o cacau em pó com ¾ de xícara (150 g) do açúcar com laranja em uma tigela pequena. Coloque o leite em uma panela média de fundo grosso. Use um batedor para incorporar bem a mistura de cacau com açúcar e leve ao fogo médio-alto. Aqueça, mexendo de vez em quando, até atingir 88 °C em um termômetro de leitura instantânea. Abaixe o fogo e cozinhe mantendo a temperatura entre 82 °C e 88 °C por 5 minutos, mexendo sempre.

Retire do fogo, adicione o chocolate picado e misture até que derreta por completo.

(continua)

(continuação)

Coloque as gemas em uma tigela média não reativa e bata com o ¼ de xícara (50 g) de açúcar com laranja restante e o sal, até a mistura ficar aerada e engrossar um pouco.

Tempere as gemas com cuidado (veja na p. 64) com a mistura de leite quente com chocolate, despejando lentamente cerca de metade do líquido quente sobre os ovos, sem parar de bater. Adicione a mistura aquecida de ovos ao leite quente na panela, batendo bem, e volte ao fogo. Mexa sem parar com uma colher de pau ou uma espátula de silicone resistente ao calor e cozinhe a mistura em fogo médio até atingir 85 °C em um termômetro de leitura instantânea ou até que fique espessa o bastante para cobrir as costas de uma colher ou espátula; tome cuidado para que não ferva. Retire do fogo. Emulsione a mistura (veja na p. 68), se não estiver completamente lisa, antes de incorporar ao creme de leite frio.

Despeje o creme de leite em uma tigela de aço inox dentro de um banho de gelo (veja na p. 67).

Coe o creme de chocolate aquecido em uma peneira ou um coador de malha fina, despejando sobre o creme de leite gelado; junte o extrato de baunilha e misture bem. Mexa (a cada 5 minutos em média) até que a mistura esteja completamente fria. Isso deve levar cerca de 30 minutos. Retire a tigela do banho de gelo, seque a base da tigela se necessário, cubra com filme plástico e deixe na geladeira por pelo menos 8 horas.

De 3 a 4 horas antes de processar a mistura na sorveteira, coloque as cascas cristalizadas picadas em uma assadeira forrada com papel-manteiga e leve ao congelador, até congelarem completamente.

Depois, despeje a mistura na sorveteira e processe de acordo com as instruções do fabricante. Quando faltar cerca de 2 minutos para o gelato ficar pronto, acrescente as cascas de laranja. Termine de processar.

Despeje o gelato pronto em um recipiente plástico. Cubra com filme plástico, pressionando-o contra a superfície do gelato, tampe o recipiente e coloque no congelador para endurecer bem antes de servir.

Rendimento: aproximadamente 1 litro (528 g)

gelato de gengibre cristalizado

O sabor picante do gengibre é balanceado pelo cozimento no açúcar. Ao preparar este gelato, sobrará um pouco de calda de açúcar com sabor de gengibre. Não descarte; reutilize-a para dar um toque de gengibre em coquetéis ou em uma salada de frutas!

{FÁCIL}

PARA O GENGIBRE CRISTALIZADO:

Um pedaço de 5 cm de gengibre fresco, descascado e cortado em cubos pequenos

1½ xícara (360 mℓ) de xarope de açúcar (veja na p. 68)

PARA O GELATO:

1 xícara (240 mℓ) de creme de leite fresco com alto teor de gordura

¾ xícara (150 g) de açúcar refinado

Um pedaço (2,5 a 3,75 cm) de gengibre fresco, descascado e bem picado

2 xícaras (480 mℓ) de leite integral

4 gemas grandes

Para fazer o gengibre cristalizado: Coloque o gengibre e o xarope em uma panela pequena de fundo grosso em fogo médio, e cozinhe até começar a formar bolhinhas. Abaixe o fogo, tampe e cozinhe abaixo da fervura por 40 minutos, até que o gengibre fique translúcido e cozido. Use uma escumadeira para separar o gengibre da calda e reserve até a hora de usar. Se quiser, guarde a calda para usar em outra receita.

Para fazer o gelato: Coloque o creme de leite, ½ xícara (100 g) do açúcar e o gengibre em uma panela média de fundo grosso. Misture bem. Cozinhe em fogo médio, mexendo de vez em quando, até atingir 88 °C em um termômetro de leitura instantânea. Retire do fogo, tampe e deixe em infusão por 1 hora.

Coe a mistura em uma peneira de malha fina para dentro de uma panela média de fundo grosso. Use uma colher de pau ou uma espátula para pressionar os pedaços de gengibre na peneira enquanto coa e assim extrair o máximo de sabor possível. Acrescente 1 xícara (240 mℓ) do leite ao creme de gengibre e coloque a mistura coada de volta no fogo médio. Aqueça, mexendo de vez em quando para não queimar no fundo, até atingir 77 °C em um termômetro de leitura instantânea.

Coloque as gemas em uma tigela média não reativa e bata com o ¼ de xícara (50 g) de açúcar restante, até a mistura ficar aerada e engrossar um pouco.

Tempere as gemas com cuidado (veja na p. 64) com a mistura de leite quente, despejando lentamente cerca de metade do líquido quente sobre os ovos, sem parar de bater. Incorpore a mistura aquecida de ovos ao leite quente na panela, batendo bem, e volte ao fogo. Mexa sem parar com uma colher de pau ou uma espátula de silicone resistente ao calor e cozinhe a mistura em fogo médio até atingir 85 °C em um termômetro de leitura instantânea ou até que fique espessa o bastante para cobrir as costas de uma colher ou espátula; tome cuidado para que não ferva. Retire do fogo. Emulsione a mistura (veja na p. 68), se não estiver completamente lisa, antes de incorporar ao leite frio.

Despeje a xícara (240 mℓ) de leite restante em uma tigela de vidro ou aço inox dentro de um banho de gelo (veja na p. 67).

Coe o creme aquecido com uma peneira ou um coador de malha fina, despejando sobre o leite gelado, e misture bem. Mexa (a cada 5 minutos em média) até que a mistura esteja completamente fria. Isso deve levar cerca de 30 minutos. Retire a tigela do banho de gelo, seque a base da tigela se necessário, cubra com filme plástico e deixe na geladeira por pelo menos 8 horas.

Depois, despeje a mistura na sorveteira e processe de acordo com as instruções do fabricante. Quando faltar cerca de 2 minutos para o gelato ficar pronto, acrescente lentamente o gengibre cristalizado. Termine de processar.

Despeje o gelato pronto em um recipiente plástico. Cubra com filme plástico, pressionando-o contra a superfície do gelato, tampe o recipiente e coloque no congelador para endurecer bem antes de servir.

Rendimento: aproximadamente 1 litro (528 g)

gelato de amendoim tostado com *marshmallow*

Este gelato foi inspirado pelo sanduíche clássico de manteiga de amendoim com *marshmallow*, adorado por crianças e adultos americanos. Embora não seja uma receita muito difícil, o processo é longo. O resultado, porém, vale a pena! Se você não tiver tempo, pode comprar *marshmallow* cremoso pronto em vez de prepará-lo, mas o gelato ficará mais doce e a textura não será tão impecável.

{MÉDIO A DIFÍCIL}

PARA O *MARSHMALLOW* CREMOSO:

280 g de *marshmallows*

2 colheres de sopa (28 mℓ) mais 1 colher de chá (5 mℓ) de água

⅔ xícara (133 g) de açúcar

¼ xícara (60 mℓ) de leite

2 colheres de chá (15 g) de xarope de milho claro

1 colher de chá (5 mℓ) de extrato de baunilha puro

PARA O GELATO:

1½ xícara (219 g) de amendoins inteiros, sem sal, crus e sem casca

3 xícaras (710 mℓ) de leite integral, e mais um pouco conforme o necessário

¾ xícara (150 g) de açúcar refinado

Uma pitada de sal

4 gemas grandes

1 xícara (240 mℓ) de creme de leite fresco com alto teor de gordura

¼ colher de chá (1,25 mℓ) de extrato de baunilha puro

¼ xícara (37 g) de amendoins crus, sem sal, sem casca, picados

Para fazer o *marshmallow* cremoso: Coloque os *marshmallows* em banho-maria em fogo médio-alto. Cozinhe até que tenham derretido completamente, mexendo até o líquido ficar uniforme.

Retire a panela do fogo, mas deixe o recipiente com o *marshmallow* sobre a água quente. Em uma outra panela, média, misture a água com o açúcar, o leite e o xarope de milho, e aqueça até ferver. Abaixe o fogo e cozinhe sem deixar ferver por 5 minutos.

Despeje a mistura de açúcar sobre os *marshmallows* derretidos e mexa bem. Junte o extrato de baunilha e deixe esfriar. A calda engrossará conforme descansa.

Para fazer o gelato: Toste os amendoins inteiros no forno (como explicado na p. 71) e reserve até a hora de usar.

Despeje o leite em uma panela média de fundo grosso, coloque em fogo médio e cozinhe até quase ferver, aproximadamente 88 °C em um termômetro de leitura instantânea. Junte os amendoins tostados e deixe cozinhar sem ferver por 15 minutos. Retire do fogo, tampe e deixe descansar por 15 minutos, mexendo de vez em quando.

Trabalhando em partes, processe a mistura aquecida em um liquidificador ou um processador de alimentos em velocidade alta até ficar quase lisa, com apenas alguns pedaços bem pequenos de amendoim sobrando. Coloque em uma tigela média limpa, cubra e deixe descansar por 1 hora em temperatura ambiente.

Depois, despeje a mistura em outra tigela média, passando por um coador de malha fina ou um morim (pano para queijo) de duas camadas. Use uma colher de pau ou uma espátula para pressionar enquanto coa e assim extrair o máximo possível do leite saborizado. Meça 2 xícaras (475 mℓ) do leite saborizado, acrescentando leite puro se necessário para atingir o total de 475 mℓ. Transfira o líquido para uma panela média de fundo grosso.

Coloque a panela em fogo médio, com ½ xícara (100 g) do açúcar e o sal, e cozinhe até atingir 77 °C em um termômetro de leitura instantânea.

Coloque as gemas em uma tigela média não reativa e bata com o ¼ de xícara (50 g) de açúcar restante até a mistura ficar aerada e engrossar um pouco.

Tempere as gemas com cuidado (veja na p. 64) com a mistura de leite quente, despejando lentamente cerca de metade do líquido quente sobre os ovos, sem parar de bater. Despeje a mistura aquecida de ovos na panela com o leite quente e volte ao fogo. Mexa sem parar com uma colher de pau ou uma espátula de silicone resistente ao calor e cozinhe a mistura em fogo médio até atingir 85 °C em um termômetro de leitura instantânea ou até que fique espessa o bastante para cobrir as costas de uma colher ou espátula; tome cuidado para que não ferva. Retire do fogo. Emulsione a mistura (veja na p. 68), se não estiver completamente lisa, antes de incorporar ao creme de leite frio.

Coloque o creme de leite em uma tigela de vidro ou aço inox dentro de um banho de gelo (veja na p. 67).

Coe o creme aquecido em uma peneira ou um coador de malha fina, despejando sobre o creme de leite gelado; junte o extrato de baunilha e misture bem. Mexa (a cada 5 minutos em média) até que a mistura esteja completamente fria. Isso deve levar cerca de 30 minutos. Retire a tigela do banho de gelo, seque a base da tigela, cubra com filme plástico e deixe na geladeira por pelo menos 8 horas.

Depois, despeje a mistura na sorveteira e processe de acordo com as instruções do fabricante. Quando faltar cerca de 2 minutos para o gelato ficar pronto, acrescente aos poucos os amendoins picados e o *marshmallow* cremoso. Termine de processar.

Despeje o gelato pronto em um recipiente plástico. Cubra com filme plástico, pressionando-o contra a superfície do gelato, tampe o recipiente e coloque no congelador para endurecer bem antes de servir.

Rendimento: aproximadamente 1 litro (528 g)

VARIAÇÃO

Manteiga de amendoim › Você pode usar manteiga de amendoim em vez de amendoim fresco, o que faz um gelato tão delicioso quanto o original. Nesta variação, deixe de usar os amendoins e siga as instruções para preparar e cozinhar o creme. Emulsione a mistura com um *mixer*. Acrescente ½ xícara (130 g) de manteiga de amendoim natural crocante ao creme. Bata novamente até incorporar. Misture ao creme de leite gelado e continue com o restante da receita.

gelato de avelã

Avelã é um sabor tradicional de gelato na Europa e ganhou muita popularidade no restante do mundo. As avelãs frescas deixam o produto final mais rico, tanto no sabor, quanto na sensação na boca. Sempre use as avelãs mais frescas que encontrar, e certifique-se de que sejam bem tostadas para soltarem bem o sabor. Tome cuidado, porém – castanhas tostadas demais passarão notas amargas para o gelato.

{MÉDIO/DIFÍCIL}

1½ xícara (220 g) de avelãs, tostadas e sem pele (veja na p. 71)

3 xícaras (710 mℓ) de leite integral, e mais um pouco conforme o necessário

¾ xícara (150 g) de açúcar refinado

4 gemas grandes

Uma pitada de sal

1 xícara (240 mℓ) de creme de leite fresco com alto teor de gordura

¼ colher de chá (1,25 mℓ) de extrato de baunilha puro

Coloque as avelãs em um processador de alimentos com a lâmina acoplada ou em um liquidificador potente. Triture-as com pulsações cuidadosas até obter uma farofa fina. As avelãs devem ser bem picadas mas não processadas demais até virar pó (processar demais fará com que soltem os óleos muito rápido, o que formará uma pasta). Coloque as avelãs trituradas em uma tigela limpa e reserve até a hora de usar.

Coloque o leite em uma panela média com fundo grosso e leve ao fogo médio.

Aqueça o leite, mexendo de vez em quando, até atingir 88 °C em um termômetro de leitura instantânea. Junte as avelãs trituradas. Cozinhe sem levantar fervura em fogo médio-alto por cerca de 15 minutos, mexendo de vez em quando. Tire a panela do fogo, tampe e deixe descansar por 1 hora.

Coe o creme quente com uma peneira ou um coador de malha fina sobre uma tigela média limpa. Utilize as costas de uma concha ou de uma espátula para pressionar as castanhas contra a malha enquanto coa e assim extrair o máximo do leite saborizado possível. Meça a mistura de leite para garantir que haja 2 xícaras (475 mℓ). Se houver menos, acrescente leite até atingir o volume de 2 xícaras (475 mℓ). Transfira a mistura para uma panela média de fundo grosso.

Ponha a panela em fogo médio. Acrescente ½ xícara (100 g) do açúcar e aqueça, mexendo de vez em quando, até atingir 77 °C em um termômetro de leitura instantânea.

Coloque as gemas em uma tigela média não reativa e bata com o ¼ de xícara (50 g) de açúcar restante e o sal, até a mistura ficar aerada e engrossar um pouco.

> **Usando morim para coar castanhas**
>
> O morim (pano para queijo) pode ser usado no lugar de um coador para extrair todo o líquido das castanhas em infusão. O tecido do morim pode capturar e reter parte dos óleos naturais, que contêm a maior parte do sabor das avelãs. Se essa quantidade for removida ou diluída, o produto final pode não ficar com o sabor intenso desejado. Além disso, o óleo das castanhas dá uma textura mais cremosa ao produto final. Se o morim for a sua única opção, siga em frente e use-o, mas um coador de malha fina é uma escolha melhor.

Tempere as gemas com cuidado (veja na p. 64) com a mistura de leite quente, despejando lentamente cerca de metade do líquido quente sobre os ovos, sem parar de bater. Incorpore a mistura aquecida de ovos ao leite quente na panela, batendo bem, e volte ao fogo. Mexa sem parar com uma colher de pau ou uma espátula de silicone resistente ao calor e cozinhe a mistura em fogo médio até atingir 85 °C em um termômetro de leitura instantânea ou até que fique espessa o bastante para cobrir as costas de uma colher ou espátula; tome cuidado para que não ferva. Retire do fogo. Emulsione a mistura (veja na p. 68), se não estiver completamente lisa, antes de incorporar ao creme de leite frio.

Despeje o creme de leite em uma tigela de vidro ou aço inox dentro de um banho de gelo (veja na p. 67).

Coe o creme de avelã em uma peneira ou um coador de malha fina, despejando sobre o creme de leite gelado; junte o extrato de baunilha e misture bem. Mexa (a cada 5 minutos em média) até que a mistura esteja completamente fria. Isso deve levar cerca de 30 minutos. Retire a tigela do banho de gelo, seque a base da tigela se necessário, cubra com filme plástico e deixe na geladeira por pelo menos 8 horas.

Depois, coloque a mistura na sorveteira e processe de acordo com as instruções do fabricante.

Despeje o gelato pronto em um recipiente plástico. Cubra com filme plástico, pressionando-o contra a superfície do gelato, tampe o recipiente e coloque no congelador para endurecer bem antes de servir.

Rendimento: aproximadamente 1 litro (528 g)

gelato de manteiga de amendoim com chocolate

A manteiga de amendoim é um ingrediente obrigatório na maioria das despensas americanas e, fica deliciosa quando combinada com chocolate.

Se você for um fã de doces feitos com manteiga de amendoim e chocolate, experimente picá-los e misturá-los no um pouco antes de tirá-lo da sorveteira.

Toste os amendoins inteiros no forno, como explicado na p. 71, e reserve até a hora de usar.

Despeje o leite em uma panela média de fundo grosso, coloque em fogo médio e cozinhe até atingir 88 °C em um termômetro de leitura instantânea. Junte os amendoins tostados e deixe cozinhar sem ferver por 5 a 10 minutos. Retire do fogo, tampe e deixe descansar por 15 minutos, mexendo de vez em quando.

{DIFÍCIL}

1½ xícara (219 g) de amendoins inteiros, sem sal, crus e sem casca

3 xícaras (710 mℓ) de leite integral

2 colheres de sopa mais 1 colher de chá (14 g) de cacau em pó não adoçado de processo holandês

1 xícara (200 g) de açúcar refinado

170 g de chocolate amargo bem picado

4 gemas grandes

Uma pitada de sal

1 xícara (240 mℓ) de creme de leite fresco com alto teor de gordura

¾ colher de chá (3,75 mℓ) de extrato de baunilha puro

½ xícara (120 mℓ) de chocolate ao leite picado

¼ xícara (37 g) de amendoins crus, sem sal, sem casca, picados

DICA › Para utilizar manteiga de amendoim natural nesta receita, não use os amendoins e prepare um creme de chocolate, começando a receita com o leite, o cacau em pó, o sal e ¾ de xícara (150 g) de açúcar. Siga as instruções para preparar e cozinhar o creme. Emulsione-o com um *mixer* ou um liquidificador, e acrescente ½ xícara (100 g) de manteiga de amendoim. Bata novamente até ficar uniforme e despeje sobre o creme de leite gelado.

Trabalhando em partes, processe a mistura aquecida em um liquidificador ou um processador de alimentos em velocidade alta até ficar quase lisa, com apenas alguns pedaços bem pequenos de amendoim sobrando. Despeje em uma tigela média limpa, cubra e deixe descansar por 1 hora em temperatura ambiente.

Depois, coe a mistura com um coador de malha fina ou um morim (pano para queijo) de duas camadas para dentro de uma panela média de fundo grosso. Use uma colher de pau ou uma espátula para pressionar enquanto coa e assim extrair o máximo possível do leite saborizado.

Misture o cacau em pó com ¾ de xícara (150 g) do açúcar em uma tigela pequena e incorpore à mistura de leite com amendoim na panela usando um batedor. Coloque em fogo médio. Continue aquecendo e cozinhe mantendo a temperatura entre 82 °C e 88 °C por 5 minutos, mexendo sempre.

Retire do fogo, adicione o chocolate picado e misture até que derreta por completo. Coloque as gemas em uma tigela média não reativa e bata com o açúcar restante e o sal, até a mistura ficar aerada.

Tempere as gemas com cuidado (veja na p. 64) com a mistura de leite quente com chocolate, despejando lentamente cerca de metade do líquido quente sobre os ovos, sem parar de bater. Incorpore a mistura aquecida de ovos ao leite quente na panela, batendo bem, e volte ao fogo. Mexa sem parar com uma colher de pau ou uma espátula de silicone resistente ao calor e cozinhe a mistura em fogo médio até atingir 85 °C em um termômetro de leitura instantânea ou até que fique espessa o bastante para cobrir as costas de uma colher ou uma espátula; tome cuidado para que não ferva. Retire do fogo e emulsione a mistura (veja na p. 68), se não estiver completamente lisa, antes de incorporar ao creme de leite frio.

Despeje o creme de leite em uma tigela de vidro ou aço inox dentro de um banho de gelo (veja na p. 67).

Coe o creme de chocolate aquecido em uma peneira ou um coador de malha fina, despejando sobre o creme de leite gelado; junte o extrato de baunilha e misture bem. Mexa (a cada 5 minutos em média) até que a mistura esteja completamente fria. Isso deve levar cerca de 30 minutos. Retire a tigela do banho de gelo, seque a base da tigela se necessário, cubra com filme plástico e deixe na geladeira por pelo menos 8 horas.

Depois, despeje a mistura na sorveteira e processe de acordo com as instruções do fabricante. Quando faltar cerca de 2 minutos para o gelato ficar pronto, acrescente aos poucos o chocolate e os amendoins picados. Termine de processar.

Despeje o gelato pronto em um recipiente plástico. Cubra com filme plástico, pressionando-o contra a superfície do gelato, tampe o recipiente e coloque no congelador para endurecer bem antes de servir.

Rendimento: aproximadamente 1 litro (528 g)

gelato de caramelo

O caramelo simples é incorporado à base do gelato. O resultado é um gelato cremoso e com sabor de caramelo, mais sofisticado que a guloseima grudenta que conhecemos da nossa infância.

Quando estiver trabalhando com açúcar quente para fazer caramelo, tome cuidado, pois pode causar queimaduras sérias se entrar em contato com sua pele. Você pode considerar deixar um banho de gelo por perto caso o açúcar quente espirre nas suas mãos. Mergulhe-as na água gelada rapidamente para atenuar a intensidade da queimadura.

{DIFÍCIL}

PARA O CARAMELO:

1½ xícara (300 g) de açúcar refinado

½ xícara (120 mℓ) de água

2 colheres de sopa (44 g) de xarope de milho claro

PARA O GELATO:

2 xícaras (475 mℓ) de leite integral

1 receita de caramelo, triturado

4 gemas grandes

Uma pitada de sal

1 xícara (240 mℓ) de creme de leite fresco com alto teor de gordura

¾ colher de chá (3,75 mℓ) de extrato de baunilha puro

Para fazer o caramelo: Coloque o açúcar, a água e o xarope de milho em uma panela média de fundo grosso e mexa bem até que a mistura lembre areia molhada. Coloque em fogo alto, deixe ferver e cozinhe até que o açúcar fique levemente dourado e comece a soltar fumaça (cerca de 180 °C em um termômetro de açúcar). Retire do fogo e incline a panela em movimentos circulares conforme o caramelo continua a escurecer. Despeje o caramelo imediatamente sobre um Silpat (tapete de silicone) ou uma assadeira forrada com papel manteiga. Permita que o caramelo esfrie completamente antes de quebrá-lo em pedaços pequenos com um rolo de massa ou com as mãos.

Quando estiver completamente frio, coloque os pedaços quebrados de caramelo em um processador de alimentos e pulse até ficar com a consistência de areia grossa ou sal granulado. Reserve até a hora de usar.

Para fazer o gelato: Coloque o leite em uma panela média de fundo grosso e junte o caramelo triturado. Misture bem. Cozinhe em fogo médio, mexendo de vez em quando, até atingir 77 °C em um termômetro de leitura instantânea.

Coloque as gemas em uma tigela média não reativa e bata com o sal até a mistura ficar aerada e engrossar um pouco.

Tempere as gemas com cuidado (veja na p. 64) com a mistura de leite quente, despejando lentamente cerca de metade do líquido quente sobre os ovos, sem parar de bater. Despeje a mistura aquecida de ovos na panela com o leite quente e volte ao fogo. Mexa sem parar com uma colher de pau ou uma espátula de silicone resistente ao calor e cozinhe a mistura em fogo médio até atingir 85 °C em um termômetro de leitura instantânea ou até que fique espessa o bastante para cobrir as costas de uma colher ou espátula; tome cuidado para que não ferva. Retire do fogo. Emulsione a mistura (veja na p. 68), se não estiver completamente lisa, antes de incorporar ao creme de leite frio.

Coloque o creme de leite em uma tigela de vidro ou aço inox dentro de um banho de gelo (veja na p. 67).

Coe o creme aquecido em uma peneira ou um coador de malha fina, despejando sobre o creme de leite gelado; junte o extrato de baunilha e misture bem. Mexa (a cada 5 minutos em média) até que a mistura esteja completamente fria. Isso deve levar cerca de 30 minutos. Retire a tigela do banho de gelo, seque a base da tigela se necessário, cubra com filme plástico e deixe na geladeira por pelo menos 8 horas. Depois, despeje a mistura na sorveteira e processe de acordo com as instruções do fabricante.

Despeje o gelato pronto em um recipiente plástico. Cubra com filme plástico, pressionando-o contra a superfície do gelato, tampe o recipiente e coloque no congelador para endurecer bem antes de servir.

Rendimento: aproximadamente 1 litro (528 g)

gelato de chocolate com canela e manjericão

Inicialmente esta pode parecer uma combinação estranha de sabores, mas chocolate, canela e manjericão combinam muito. O manjericão complementa o chocolate como a hortelã, enquanto a canela dá um toque de especiarias. O chocolate amargo dá um sabor mais intenso para amarrar essa combinação de sabores. Canela em pau e manjericão fresco são mais indicados do que canela em pó e manjericão seco, para dar um sabor mais fresco e verdadeiro.

{DIFÍCIL}

4 paus de canela

2 xícaras (475 mℓ) de leite integral

2 colheres de sopa mais 1 colher de chá (14 g) de cacau em pó não adoçado de processo holandês

1 xícara (200 g) de açúcar refinado

170 g de chocolate amargo bem picado

4 gemas grandes

Uma pitada de sal

1 xícara (240 mℓ) de creme de leite fresco com alto teor de gordura

¾ colher de chá (3,75 mℓ) de extrato de baunilha puro

⅛ a ¼ xícara (5 g a 10 g) de folhas de manjericão, cortadas em *chiffonade**

Coloque os paus de canela em uma panela média de fundo grosso e acrescente o leite. Cozinhe em fogo médio, mexendo de vez em quando, até atingir 77 °C em um termômetro de leitura instantânea. Retire do fogo, tampe e deixe em infusão por 30 minutos.

Retire a canela do leite. Misture o cacau em pó com ¾ de xícara (150 g) do açúcar em uma tigela pequena e incorpore à mistura de leite com canela na panela usando um batedor. Continue aquecendo e cozinhe mantendo a temperatura entre 82 °C e 88 °C por 5 minutos, mexendo sempre.

Retire do fogo, adicione o chocolate picado e misture até que derreta por completo.

Coloque as gemas em uma tigela média não reativa e bata com o ¼ de xícara (50 g) de açúcar restante e o sal, até a mistura ficar aerada e engrossar um pouco.

Tempere as gemas com cuidado (veja na p. 64) com a mistura de leite quente com chocolate, despejando lentamente cerca de metade do líquido quente sobre os ovos, sem parar de bater. Incorpore a mistura aquecida de ovos à panela com o leite quente, batendo bem, e volte ao fogo. Mexa sem parar com uma colher de pau ou uma espátula de silicone resistente ao calor e cozinhe a mistura em fogo médio até atingir 85 °C em um termômetro de leitura instantânea ou até que fique espessa o bastante para cobrir as costas de uma colher ou espátula; tome cuidado para que não ferva. Retire do fogo. Emulsione a mistura (veja na p. 68), se não estiver completamente lisa, antes de incorporar ao creme de leite frio.

Coloque o creme de leite em uma tigela de vidro ou aço inox dentro de um banho de gelo (veja na p. 67).

Coe o creme de chocolate aquecido em uma peneira ou um coador de malha fina, despejando sobre o creme de leite gelado; junte o extrato de baunilha e o manjericão e misture bem. Mexa (a cada 5 minutos em média) até que a mistura esteja completamente fria. Isso deve levar cerca de 30 minutos.

Retire a tigela do banho de gelo, seque a base da tigela se necessário, cubra com filme plástico e deixe na geladeira por pelo menos 8 horas.

Depois, despeje a mistura em um liquidificador e bata por 15 segundos em velocidade média, ou use um *mixer* para emulsionar pelo mesmo tempo. Coe a mistura com um coador de malha fina para dentro da sorveteira e processe de acordo com as instruções do fabricante.

Despeje o gelato pronto em um recipiente plástico. Cubra com filme plástico, pressionando-o contra a superfície do gelato, tampe o recipiente e coloque no congelador para endurecer bem antes de servir.

Rendimento: aproximadamente 1 litro (528 g)

* Chiffonade é o termo culinário para algo fatiado em tiras finas. Para preparar manjericão em *chiffonade*, empilhe as folhas, enrole-as firmemente e corte de modo perpendicular em tiras bem finas com uma faca de legumes (N. T.).

CAPÍTULO SETE
sorbets e granitas

Sorbets e granitas são mais leves que os gelatos tanto em sabor como em textura. Ambos são tradicionalmente à base de fruta, sem lactose e portanto com um teor menor de gordura. A ausência do creme faz com que o sabor do sorbet ou da granita seja sentido de forma mais clara e forte, resultando em uma sobremesa de sabor mais intenso.

Como nas receitas de gelato no Capítulo 6, as receitas dos sorbets e das granitas são baseadas em técnicas similares, apesar de seus sabores e inclusões serem variados. Por isso, assim que dominar a base de como fazer um sorbet ou uma granita, fique à vontade para testar suas próprias ideias.

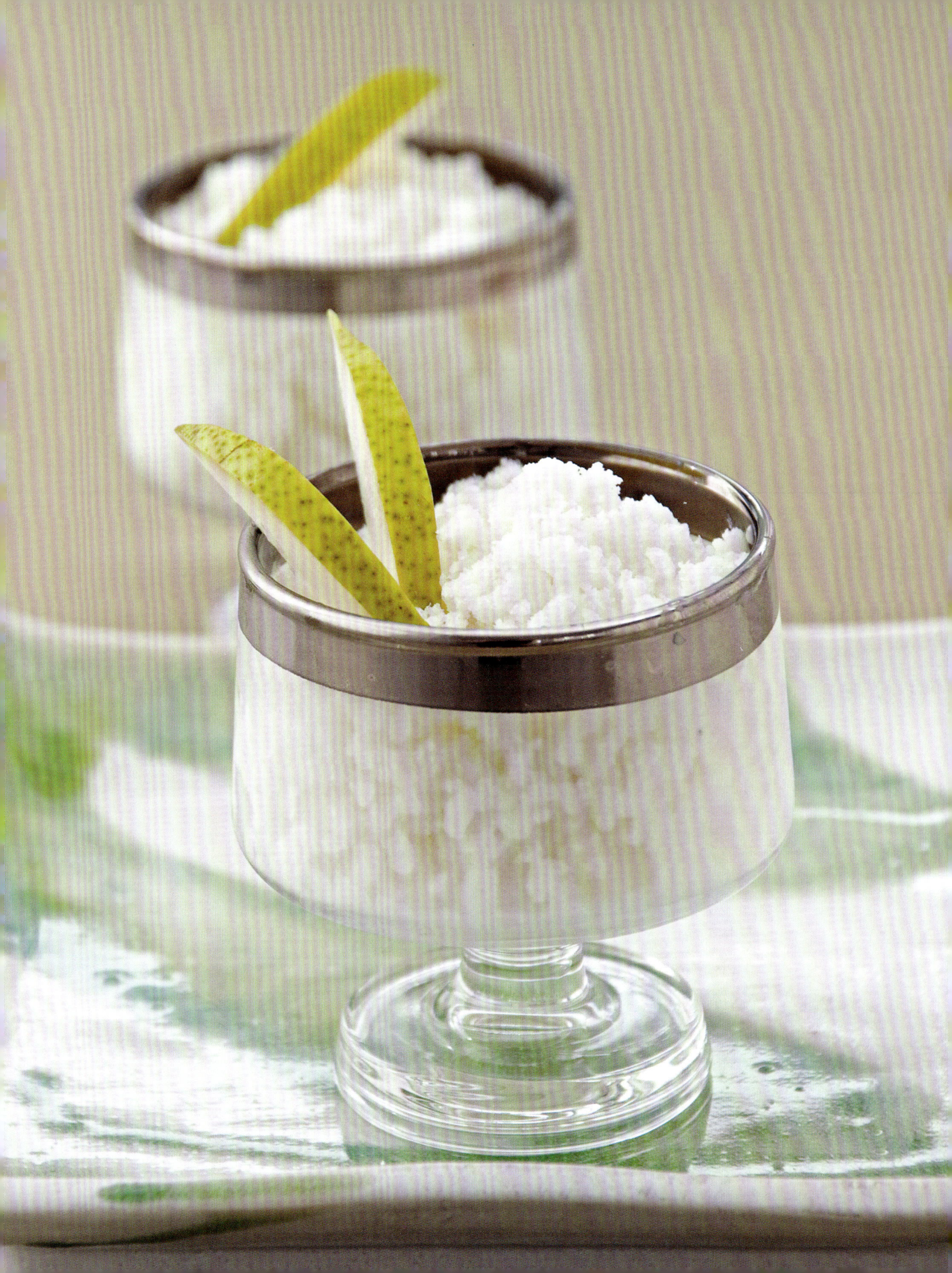

sorbet de pera com mel e nozes açucaradas com cominho

Para obter o máximo de doçura e sabor intenso, use peras extremamente maduras. Variedades com teor de água maior, como a Williams, darão resultados melhores.

{FÁCIL}

PARA O SORBET:

1¼ xícara (295 mℓ) de água

1 xícara (200 g) de açúcar refinado

4 xícaras de peras maduras, sem miolo e cortadas em cubos (cerca de 905 g)

2 colheres de chá (10 mℓ) de suco de limão-siciliano recém-espremido e coado

PARA AS NOZES AÇUCARADAS:

2 xícaras (240 g) de metades de nozes

2 colheres de sopa (28 g) de manteiga sem sal

2 colheres de sopa (40 g) de mel

2 colheres de chá (10 mℓ) de água

¼ colher de chá (0,6 g) de cominho em pó

½ colher de chá (3 g) de sal

> **DICA ›** Para que as peras não oxidem depois de descascadas e antes de fazer o purê, deixe-as completamente cobertas por água em uma tigela até a hora de usar. Para amadurecer uma pera, coloque-a em um saco de papel e deixe em um local escuro e frio até a hora de usar.

Para fazer o sorbet: Coloque a água e o açúcar em uma panela média com fundo grosso e leve ao fogo médio. Deixe ferver, mexendo de vez em quando até o açúcar dissolver completamente, e continue fervendo por aproximadamente 1 minuto. Retire do fogo e reserve para esfriar por pelo menos uma hora.

Coloque as peras cortadas em um liquidificador, junte a calda de açúcar e o suco de limão, e bata até a mistura ficar lisa.

Prove-a para ver se a doçura está do seu agrado. Se estiver muito doce, acrescente mais suco de limão recém-espremido e coado em porções de ½ colher de chá (2,5 mℓ), até obter o nível de doçura desejado.

Coloque em um recipiente limpo, cubra com filme plástico e deixe na geladeira por pelo menos 8 horas.

Depois, despeje a mistura na sorveteira e processe de acordo com as instruções do fabricante.

Coloque o sorbet pronto em um recipiente plástico. Cubra com filme plástico, pressionando-o contra a superfície do sorbet, tampe o recipiente e coloque no congelador para endurecer bem antes de servir.

Para fazer as nozes açucaradas: Preaqueça o forno a 180 °C. Toste as nozes no forno como explicado na p. 71 e reserve até a hora de usar.

Derreta a manteiga em uma panela pequena de fundo grosso em fogo médio. Acrescente o mel, a água, o cominho e o sal, misturando bem. Insira um termômetro de açúcar ou use um termômetro de leitura instantânea e cozinhe até atingir 113 °C e a calda estiver em ponto de bala mole.

Se estiver usando um termômetro de açúcar, retire-o da mistura nesse momento e junte as nozes tostadas, misturando para que fiquem totalmente cobertas pela calda quente.

Despeje a mistura de nozes com cuidado sobre uma assadeira forrada com papel-manteiga ou tapete de silicone. Trabalhe rapidamente usando um garfo para separar as nozes que estejam grudadas umas nas outras.

Devolva as nozes ao forno quente e asse por 12 minutos, até que não estejam mais grudentas. Retire do fogo e deixe a assadeira sobre uma grade de confeiteiro para esfriar.

Coloque as nozes já frias sobre o sorbet antes de servir.

Rendimento: aproximadamente 1½ litro (900 g)

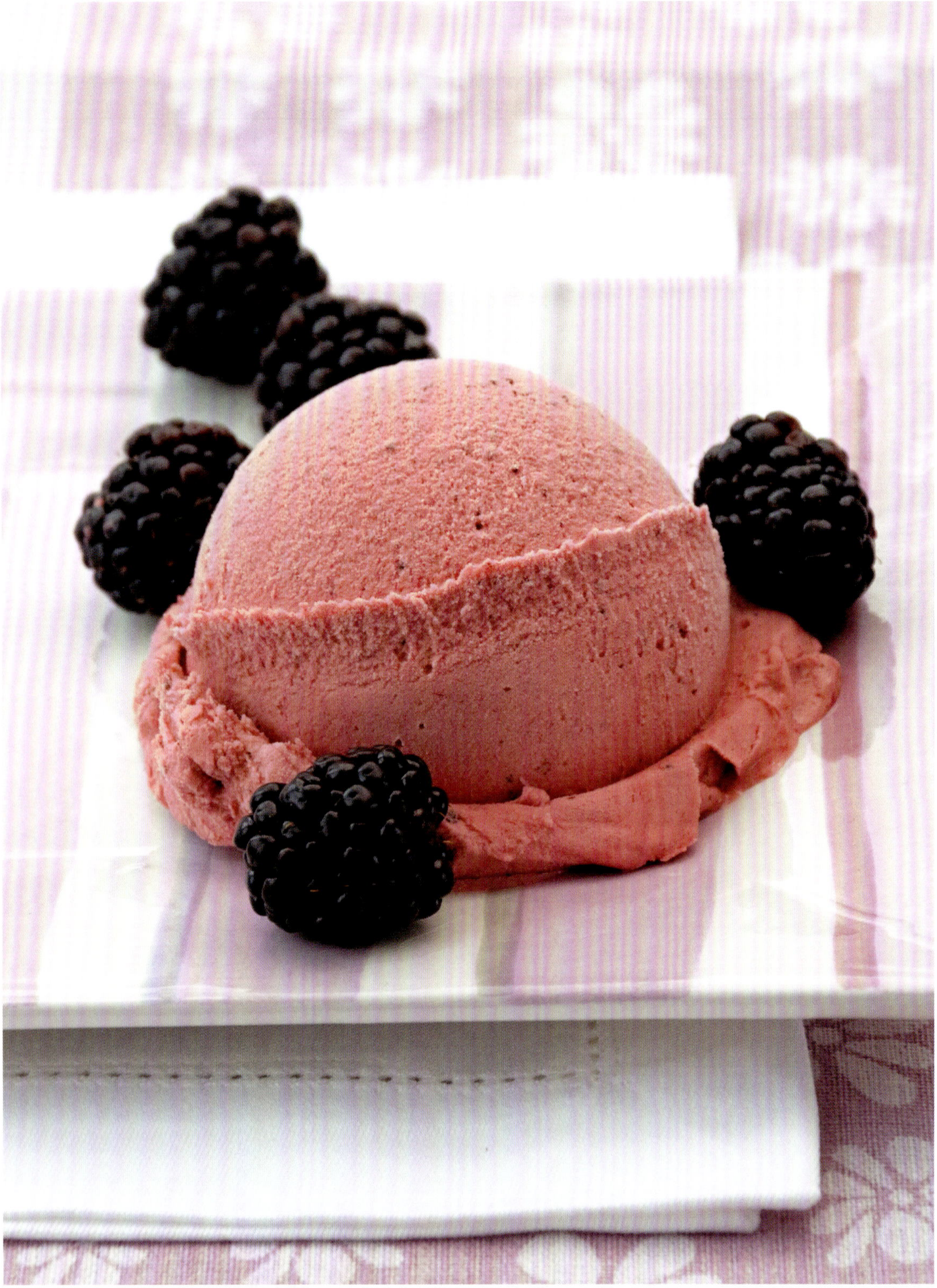

{FÁCIL}

1 xícara (240 mℓ) de água

¾ xícara (150 g) de açúcar refinado

3 colheres de sopa (60 g) de amoras em calda ou geleia de amora

1¾ xícara (430 g) de purê de amoras, feito com 905 g de amoras congeladas ou frescas (veja na p. 63)

sorbet de amora

O sorbet é um veículo perfeito para a verdadeira essência da amora. Uma bola deste sorbet e uma de gelato de baunilha formam uma boa combinação de texturas e sabores que se complementam.

Coloque a água, o açúcar e a geleia em uma panela média com fundo grosso e leve ao fogo médio. Deixe ferver, mexendo de vez em quando, até o açúcar dissolver completamente, e continue fervendo por aproximadamente 1 minuto. Retire do fogo e reserve para esfriar por pelo menos uma hora.

Junte o purê de amoras à calda já fria e misture bem.

Despeje em um recipiente limpo, cubra com filme plástico e deixe na geladeira por pelo menos 8 horas.

Depois, coloque a mistura na sorveteira e processe de acordo com as instruções do fabricante.

Despeje o sorbet pronto em um recipiente plástico. Cubra com filme plástico, pressionando-o contra a superfície do sorbet, tampe o recipiente e coloque no congelador para endurecer bem antes de servir.

Rendimento: aproximadamente 1½ litro (900 g)

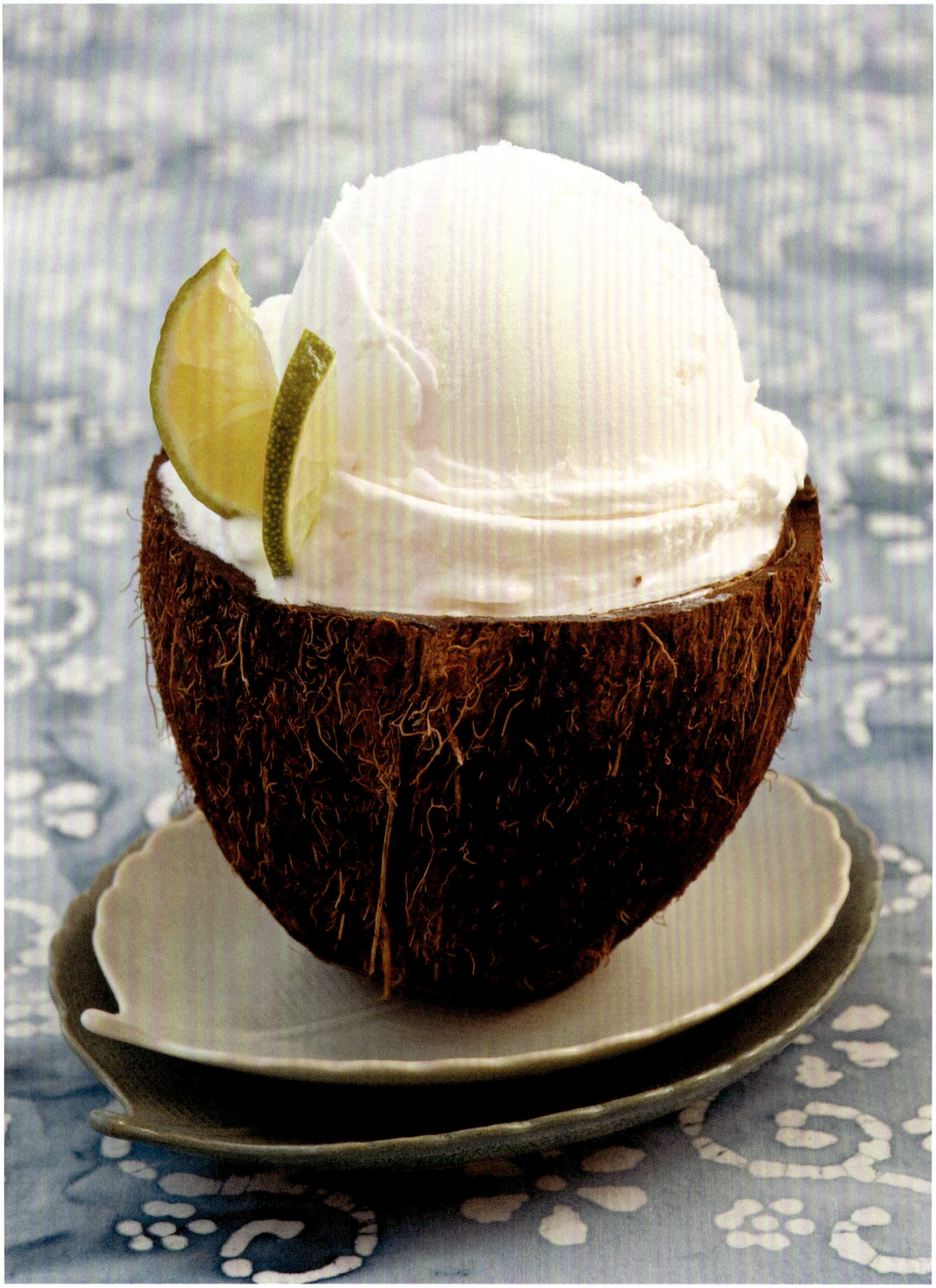

sorbet de limão no coco

{FÁCIL}

2½ xícaras (570 mℓ) de leite de coco não adoçado

¾ xícara (133 g) de açúcar refinado

½ xícara (120 mℓ) de suco de limão recém-espremido e coado

2 colheres de sopa (28 mℓ) de rum escuro

Raspas de 1 limão

O nome original desta receita é inspirado no título de uma canção popular, e a combinação de limão com coco é tão popular quanto tomar sorvete. O sabor do coco vem do leite de coco, que dá ao sorbet uma cremosidade similar ao gelato. O rum arredonda o sabor, mas não há problema nenhum em não usá-lo se você for servir este sorbet para crianças.

Coloque o leite de coco e o açúcar em uma panela média com fundo grosso e leve ao fogo médio. Deixe ferver, mexendo de vez em quando até o açúcar dissolver completamente, e continue fervendo por aproximadamente 1 minuto. Retire do fogo e reserve para esfriar por pelo menos uma hora.

Junte o suco de limão fresco e o rum à calda já fria e misture bem.

Despeje em um recipiente limpo, cubra com filme plástico e deixe na geladeira por pelo menos 8 horas.

Depois, coloque a mistura na sorveteira e processe de acordo com as instruções do fabricante. Quando faltar cerca de 5 minutos para o sorbet ficar pronto, acrescente lentamente as raspas. Termine de processar.

Despeje o sorbet pronto em um recipiente plástico. Cubra com filme plástico, pressionando-o contra a superfície do sorbet, tampe o recipiente e coloque no congelador para endurecer bem antes de servir.

Rendimento: aproximadamente 1½ litro (900 g)

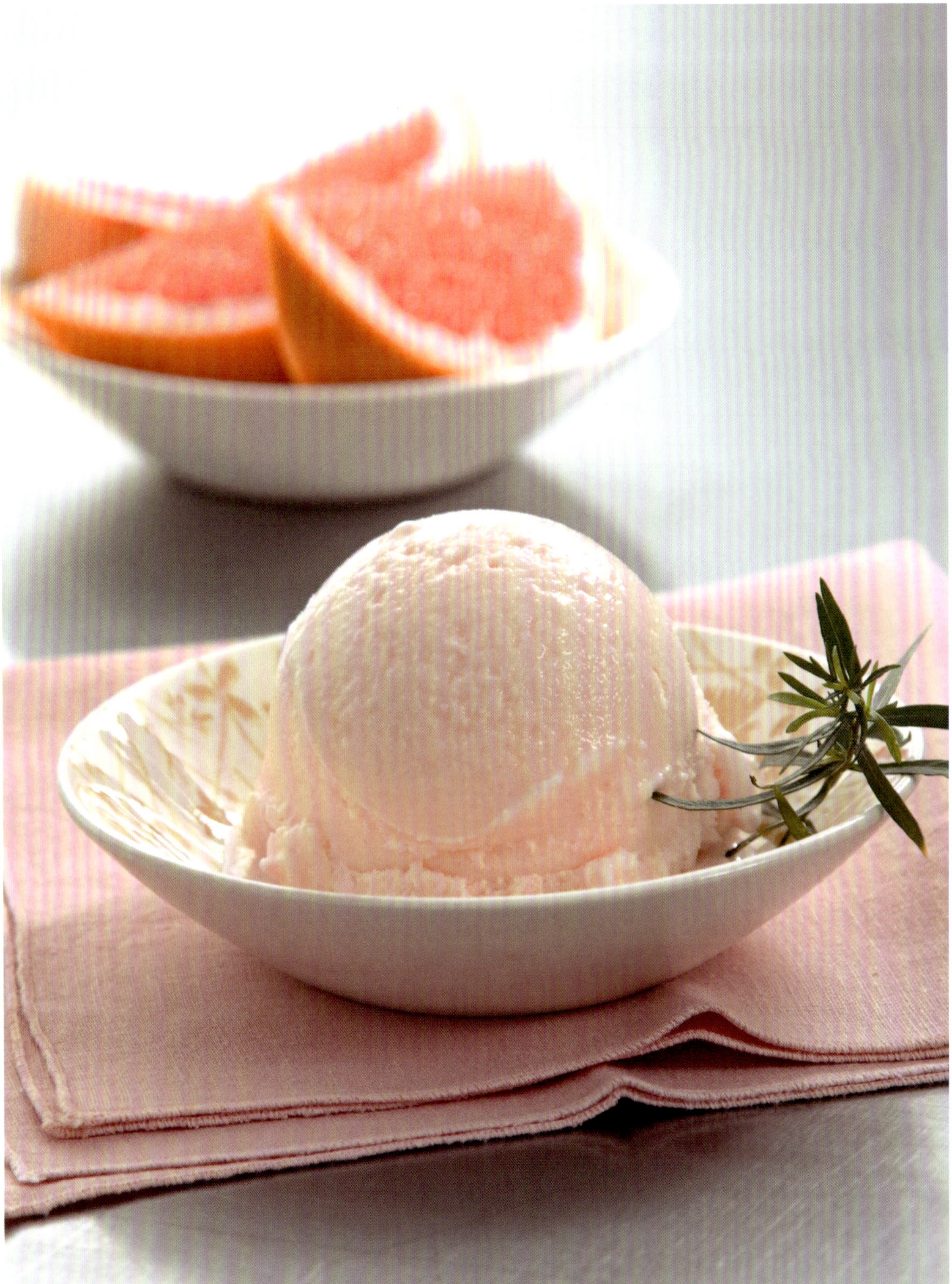

sorbet de grapefruit com estragão

{FÁCIL}

¾ xícara (175 ml) de água

1 xícara (200 g) de açúcar refinado

1 grapefruit (toranja) grande, descascada e sem a parte branca

2 colheres de sopa (3,4 g) de folhas de estragão fresco picadas grosseiramente

2½ xícaras (570 ml) de suco de grapefruit recém-espremido e coado

> **DICA** › Em vez de usar apenas suco de grapefruit, tente bater pedaços inteiros da fruta. Esse purê dá corpo e textura ao sorbet.

Este é um sorbet versátil e, quando feito na época das grapefruits (toranjas), quando estão maduras e suculentas, é excelente para limpar o paladar e eleva uma refeição de boa para fabulosa. Se estragão não for do seu agrado, ele não precisa ser utilizado. Considere acrescentar 1 a 2 colheres de chá (0,7 a 1,4 g) de alecrim picado no lugar.

Coloque a água e o açúcar em uma panela média com fundo grosso e leve ao fogo médio. Deixe ferver, mexendo de vez em quando até o açúcar dissolver completamente, e continue fervendo por aproximadamente 1 minuto. Retire do fogo e reserve para esfriar por pelo menos uma hora.

Corte a toranja em gomos e coloque em um liquidificador; esprema a membrana e a parte branca para extrair o máximo de suco. Não coloque a parte branca ou a casca no liquidificador.

Bata, começando na velocidade baixa, por alguns segundos, depois em velocidade média por cerca de 20 segundos ou até que o purê fique uniforme. A mistura pode manter uma certa textura desde que não fique muito "pedaçuda".

Adicione o estragão e bata por mais 15 segundos – as folhas devem ser picadas em pedaços bem pequenos, mas permanecer visíveis na mistura.

Junte o suco de grapefruit e o purê na calda já fria e misture bem.

Despeje em um recipiente limpo, cubra com filme plástico e deixe na geladeira por pelo menos 8 horas.

Depois, coloque a mistura na sorveteira e processe de acordo com as instruções do fabricante.

Despeje o sorbet pronto em um recipiente plástico. Cubra com filme plástico, pressionando-o contra a superfície do sorbet, tampe o recipiente e coloque no congelador para endurecer bem antes de servir.

Rendimento: aproximadamente 1 litro (600 g)

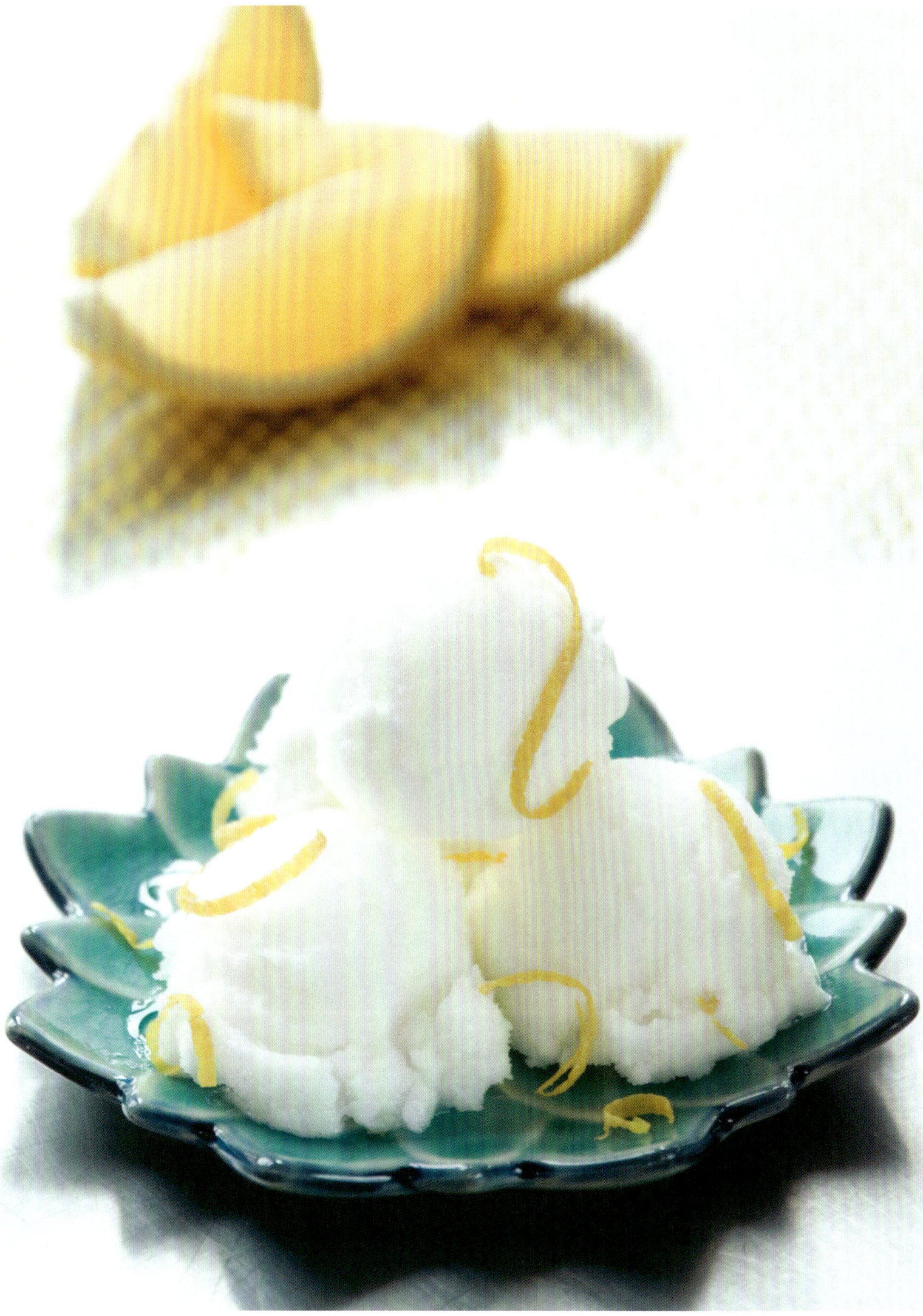

{FÁCIL}

Raspas de 3 limões Meyer

1⅓ xícara (267 g) de açúcar refinado

2¾ xícaras (650 mℓ) de água

1 xícara (240 mℓ) de suco de limão Meyer recém-espremido e coado (feito com pelo menos 6 ou 7 limões)

sorbet de limão meyer

Este sorbet sempre fará você pensar em um dia de verão. É a sobremesa gelada perfeita, azedinha, satisfatoriamente doce e refrescante como uma limonada. Para obter um sabor de limão mais intenso, reserve 1 colher de chá das raspas e acrescente-as ao sorbet pouco antes de terminar o processo de congelamento. Para dar um sabor mais "adulto" de limonada, coloque uma bola deste sorbet em um coquetel frutado ou em uma taça de champanhe!

Coloque as raspas de limão e o açúcar no recipiente de um processador de alimentos e pulse até obter pedacinhos bem pequenos. A mistura pode ficar um pouco empelotada por causa da umidade das raspas. Passe para uma tigela limpa, cubra com filme plástico ou uma tampa e deixe descansar por 2 horas ou da noite para o dia.

Coloque a água e o açúcar com limão em uma panela média com fundo grosso e leve ao fogo médio. Deixe ferver, mexendo de vez em quando até o açúcar dissolver completamente, e continue fervendo por aproximadamente 1 minuto.

Retire do fogo e deixe esfriar por pelo menos uma hora. Junte o suco de limão, despeje em um recipiente limpo, cubra com filme plástico ou tampa e deixe na geladeira por pelo menos 8 horas.

Depois, despeje a mistura na sorveteira e processe de acordo com as instruções do fabricante.

Despeje o sorbet pronto em um recipiente plástico. Cubra com filme plástico, pressionando-o contra a superfície do sorbet, tampe o recipiente e coloque no congelador para endurecer bem antes de servir.

Rendimento: aproximadamente 1½ litro (900 g)

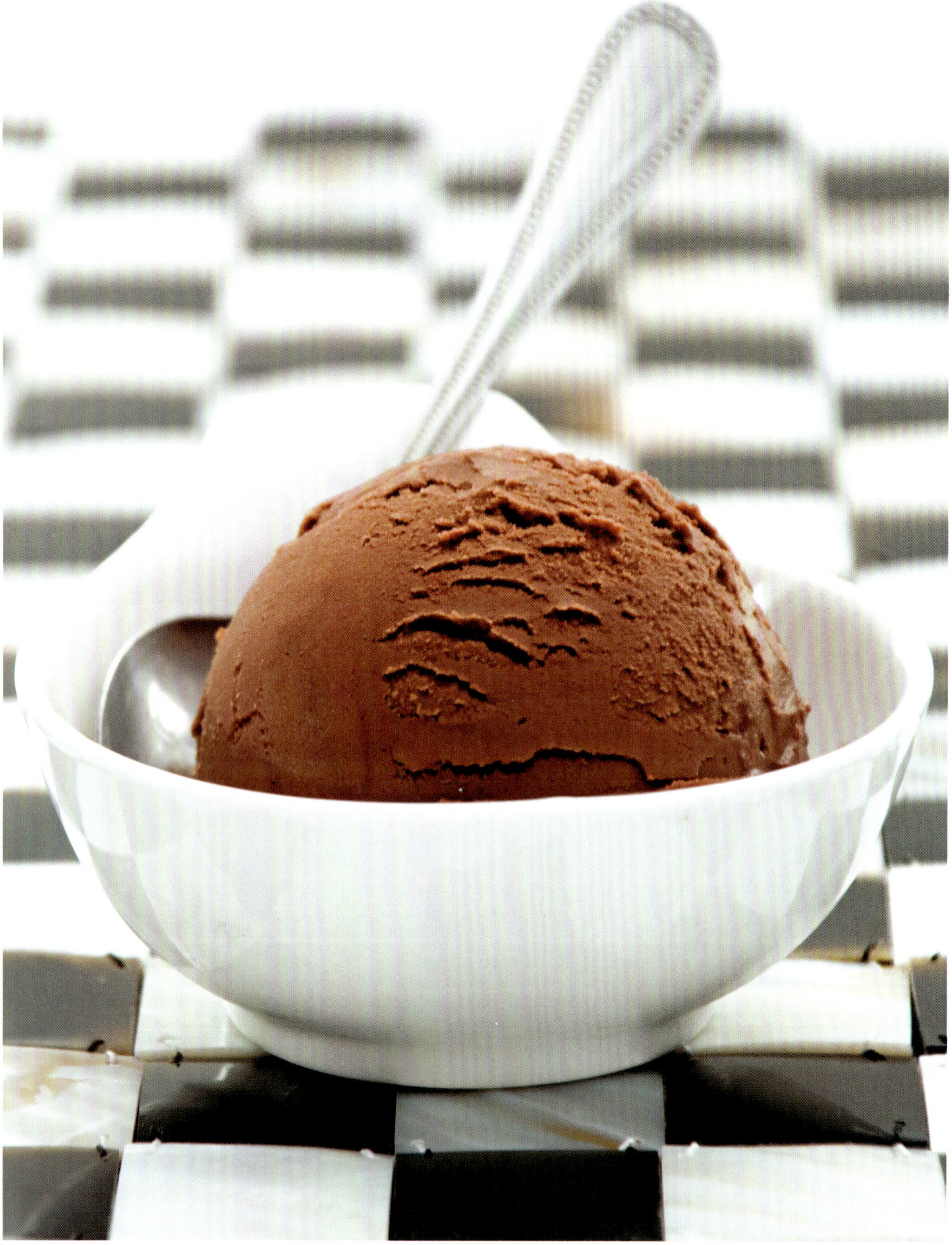

sorbet de chocolate

{FÁCIL}

- 2½ xícaras (570 mℓ) de água
- 1 xícara (200 g) de açúcar refinado
- ⅔ xícara (60 g) de cacau em pó não adoçado, de processo holandês
- 200 g de chocolate amargo bem picado
- ¼ colher de chá (1,25 mℓ) de extrato de baunilha puro
- Uma pitada de sal

Embora não seja tão cremoso como o gelato de chocolate, o sorbet agradará qualquer amante de chocolate. Use chocolate amargo com porcentagem de cacau de pelo menos 65% para criar a intensidade ideal de sabor, ou opte por um chocolate ao leite mais leve se quiser um sabor menos intenso. Se quiser uma variação tipo *mocha*, troque 2 colheres de sopa (28 mℓ) da água pela mesma quantidade de café *espresso* bem forte ou acrescente 1 colher de chá de pó de café para *espresso*.

Coloque a água e o açúcar em uma panela média com fundo grosso e leve ao fogo médio. Deixe ferver, mexendo de vez em quando até o açúcar dissolver completamente, e continue fervendo por aproximadamente 1 minuto.

Adicione o cacau em pó com um batedor até que ele seja completamente absorvido. Cozinhe, mantendo a temperatura entre 82 °C e 88 °C por 5 minutos, mexendo sempre. Retire do fogo e junte o chocolate, a baunilha e o sal. Mexa até ficar uniforme e homogêneo. Reserve e deixe esfriar.

Despeje em um recipiente limpo, cubra com filme plástico e deixe na geladeira por pelo menos 8 horas.

Depois, coloque a mistura na sorveteira e processe de acordo com as instruções do fabricante.

Despeje o sorbet pronto em um recipiente plástico. Cubra com filme plástico, pressionando-o contra a superfície do sorbet, tampe o recipiente e coloque no congelador para endurecer bem antes de servir.

Rendimento: aproximadamente 1½ litro (900 g)

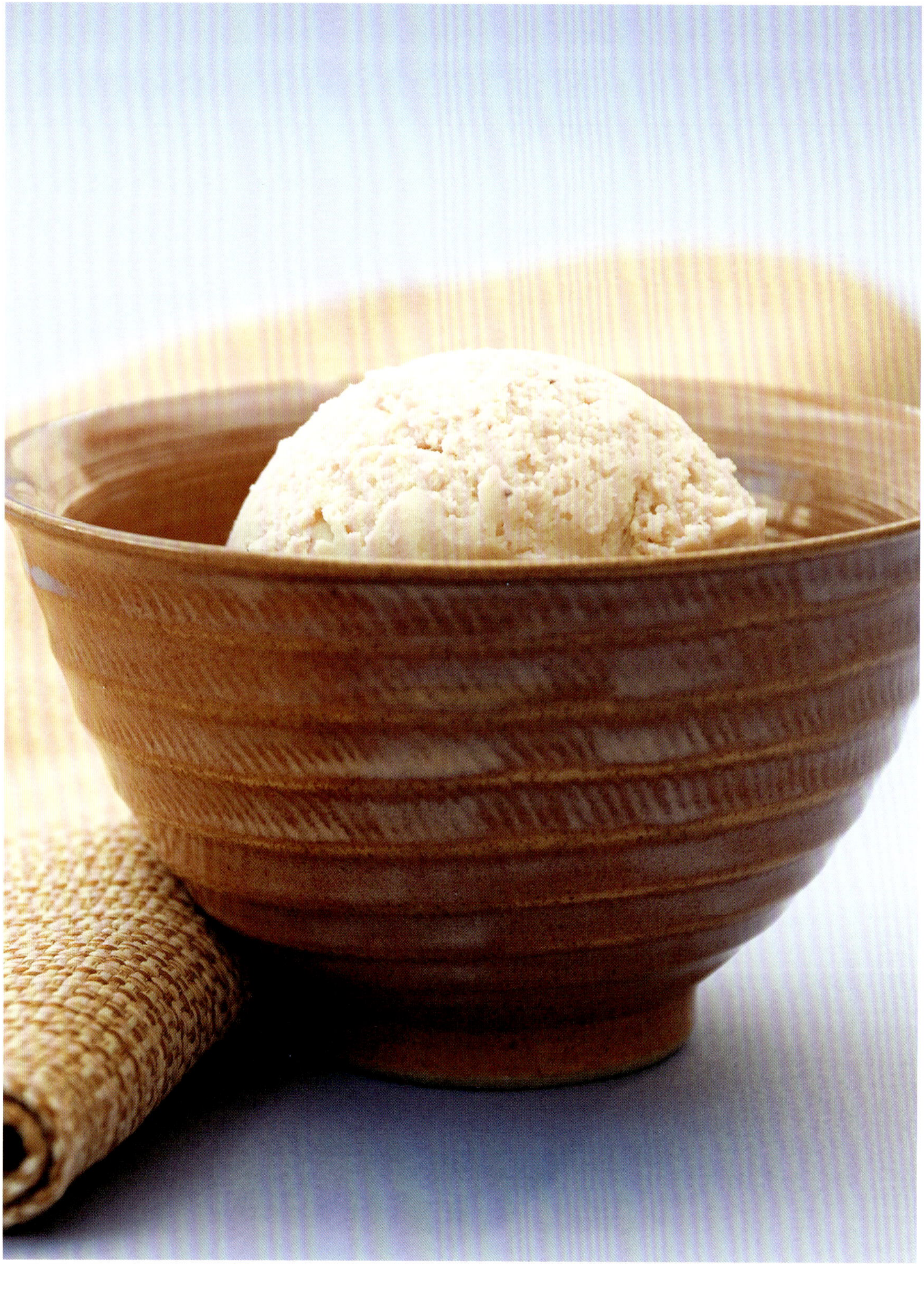

sorbet de avelã

{FÁCIL}

4 xícaras (945 mℓ) de água

1 xícara (200 g) de açúcar refinado

3 xícaras (405 g) de avelãs tostadas, sem pele e picadas grosseiramente

Uma pitada de sal

Na minha loja, costumamos receber pedidos de sorbets de avelã e outros sabores não feitos com fruta. Esta receita, embora não seja de sabor tão intenso quanto o gelato respectivo (veja na p. 127), possui o sabor delicioso da castanha em uma sobremesa sem lactose. Se avelãs tostadas forem difíceis de achar, compre-as cruas e toste no forno (como explicado na p. 71).

Coloque a água e o açúcar em uma panela média com fundo grosso e leve ao fogo médio. Deixe ferver, mexendo de vez em quando até o açúcar dissolver completamente, e continue fervendo por aproximadamente 1 minuto.

Acrescente as avelãs e o sal, tampe e cozinhe abaixo da fervura por 30 minutos. Retire do fogo e reserve para esfriar por pelo menos uma hora.

Processe a mistura aquecida em um liquidificador ou um processador de alimentos até ficar o mais liso possível. Despeje a mistura através de uma camada dupla de morim (pano para queijo) para dentro de um recipiente limpo, espremendo o máximo de líquido que conseguir.

Cubra com filme plástico e deixe na geladeira por pelo menos 8 horas.

Depois, coloque a mistura na sorveteira e processe de acordo com as instruções do fabricante.

Despeje o sorbet pronto em um recipiente plástico. Cubra com filme plástico, pressionando-o contra a superfície do sorbet, tampe o recipiente e coloque no congelador para endurecer bem antes de servir.

Rendimento: aproximadamente 1½ litro (900 g)

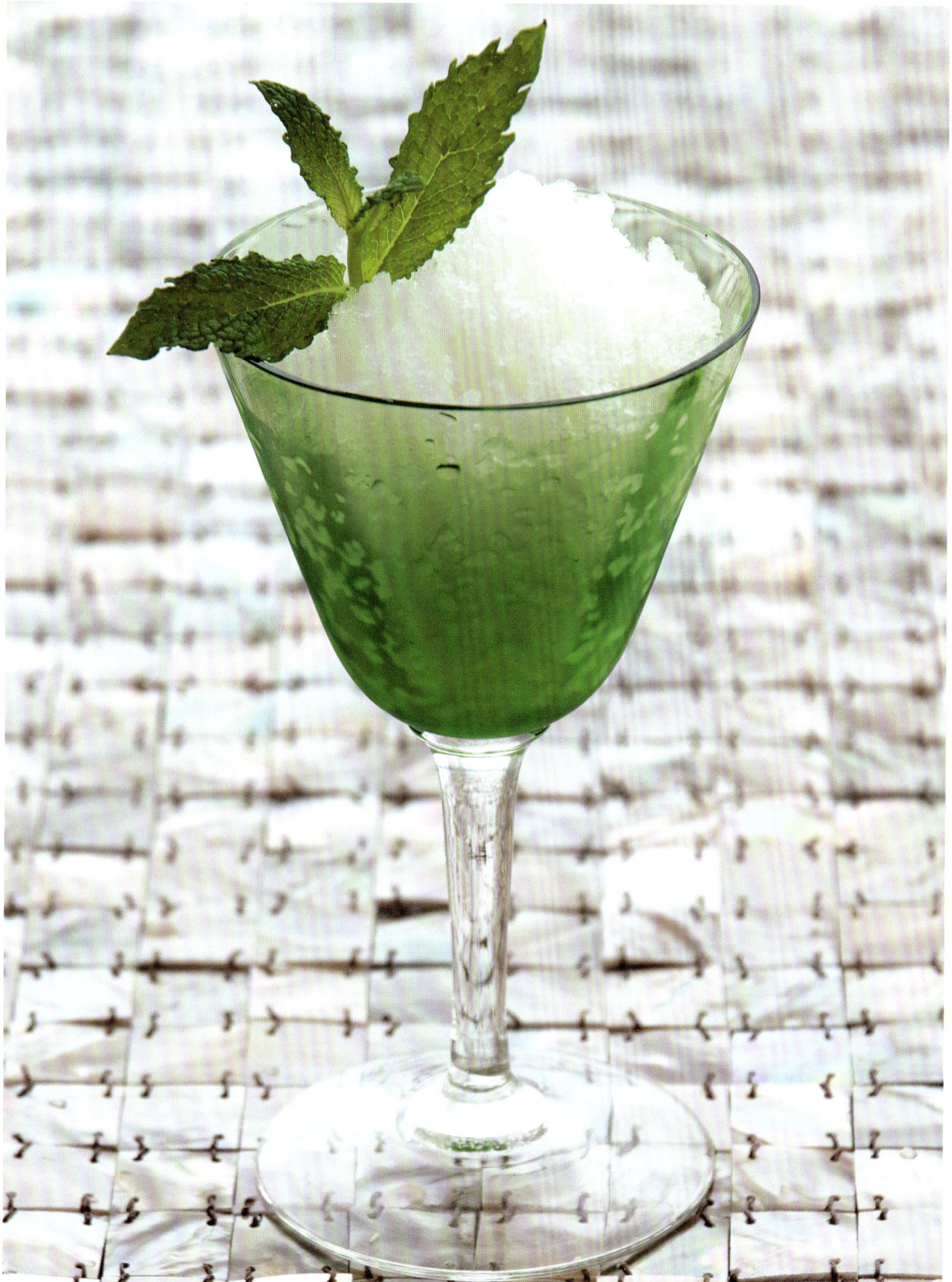

{FÁCIL}

4 xícaras (945 mℓ) de água

½ xícara (100 g) de açúcar refinado

1½ xícara (355 mℓ) de suco de limão recém-espremido

3 colheres de sopa (45 mℓ) de rum escuro

½ xícara (12 g) de folhas de hortelã fresca cuidadosamente embaladas

granita de limão com hortelã

Esta granita é, em sua essência, uma espécie de versão raspadinha do famoso coquetel mojito. Aprecie ela por si só ou use para limpar o paladar entre pratos para dar um toque sofisticado em um jantar.

Coloque a água e o açúcar em uma panela média com fundo grosso e leve ao fogo médio-alto. Aqueça, mexendo de vez em quando, até atingir 71 °C em um termômetro de leitura instantânea. A mistura deve soltar vapor mas não deve ferver.

Retire do fogo e reserve para esfriar por cerca de uma hora.

Quando estiver frio, junte o suco de limão e o rum, e transfira para uma travessa rasa e limpa com 22,5 cm × 30 cm.

Leve a travessa, sem tampar, para o congelador. A cada 30 minutos, raspe a superfície da granita de uma ponta a outra com um garfo, misturando quaisquer cristais que tenham se formado. Continue fazendo isso até que a granita esteja completamente congelada.

Rendimento: aproximadamente 1 litro (600 g)

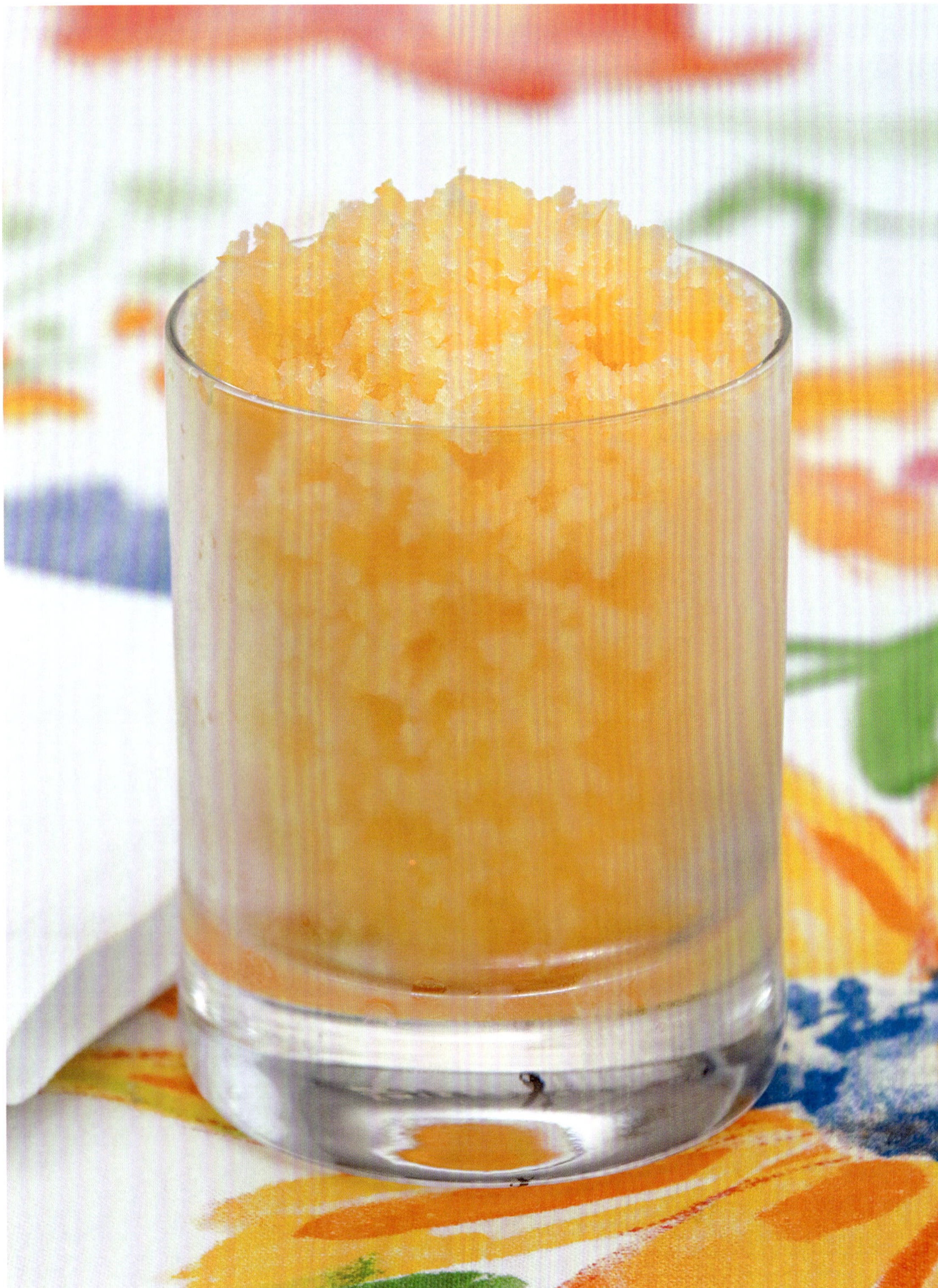

{FÁCIL}

3 xícaras (710 ml) de suco de laranja recém-espremido e coado

¼ xícara (50 g) de açúcar refinado

½ xícara (120 ml) de vodca

granita *screwdriver*

Quando o clima pede por um coquetel de verão que seja mais do que algo "com gelo", experimente esta granita. Quanto mais fresco o suco de laranja, mais intenso o sabor. Se quiser um sabor mais ácido para variar, você pode usar suco de grapefruit (toranja).

Coloque o suco de laranja e o açúcar em uma panela média com fundo grosso e leve ao fogo médio-alto. Aqueça, mexendo de vez em quando, até atingir 71 °C em um termômetro de leitura instantânea. A mistura deve soltar vapor mas não deve ferver.

Retire do fogo e reserve para esfriar por cerca de uma hora.

Quando estiver fria, junte a vodca e transfira para uma travessa rasa e limpa com 22,5 × 30 cm; cubra e deixe na geladeira por 6 horas ou de um dia para o outro.

Leve a travessa, sem tampar, para o congelador. A cada 30 minutos, raspe a superfície da granita de uma ponta a outra com um garfo, misturando quaisquer cristais que tenham se formado. Continue fazendo isso até que a granita esteja completamente congelada.

Rendimento: aproximadamente 1 litro (600 g)

granita de queijo azul com peras cozidas

Esta receita elegante transforma um ingrediente salgado em uma sobremesa. A granita servida com peras cozidas mistura dois sabores tradicionais em um só prato. Ao preparar uma granita salgada como esta, certifique-se de que o ingrediente principal possua um sabor natural intenso que não será diluído pela adição de muita água.

{FÁCIL}

PARA A GRANITA:

3 xícaras (710 mℓ) de água

2 colheres de sopa (40 g) de mel

2 colheres de sopa (28 mℓ) de vodca

1 xícara (120 g) de queijo azul esfarelado

¼ xícara (30 g) de nozes cruas em pedaços médios

PARA AS PERAS COZIDAS:

3 xícaras (710 mℓ) de água

3 xícaras (710 mℓ) de vinho tinto ou branco

¾ xícara (150 g) de açúcar refinado

¼ xícara (60 mℓ) de suco de limão-siciliano recém-espremido e coado

1½ colher de chá (2,5 g) de grãos triturados de pimenta-do-reino preta

1 rama de canela

4 peras maduras e firmes (tipo Bosc ou D'Anjou), descascadas e sem miolo

Para fazer a granita: Coloque a água e o mel em uma panela média com fundo grosso e leve ao fogo médio-alto. Aqueça, mexendo de vez em quando, até atingir 71 °C em um termômetro de leitura instantânea. A mistura deve soltar vapor mas não deve ferver. Retire do fogo e reserve para esfriar por cerca de uma hora.

Quando estiver fria, junte a vodca, transfira para um recipiente limpo, tampe e deixe na geladeira por 6 horas ou de um dia para o outro.

Retire da geladeira e despeje a mistura em um processador de alimentos com a lâmina acoplada ou em um liquidificador potente.

Enquanto bate em velocidade média, acrescente o queijo azul em quatro porções, batendo até ficar homogêneo.

Então, despeje a mistura dentro de uma tigela limpa e adicione as nozes. Despeje em uma travessa rasa com 22,5 cm × 30 cm e coloque no congelador sem cobrir. A cada 30 minutos, raspe a superfície da granita de uma ponta a outra com um garfo, misturando quaisquer cristais que tenham se formado. Continue fazendo isso até que a granita esteja completamente congelada.

Rendimento: aproximadamente 3 xícaras (450 g)

Para fazer as peras cozidas: Misture os seis primeiros ingredientes em uma panela grande e leve ao fogo baixo. Acrescente as peras e cozinhe abaixo da fervura por cerca de 30 minutos, até que fiquem macias ao toque, mas não desmanchando. O tempo pode variar dependendo do quão maduras estiverem as peras.

Retire do fogo e deixe esfriar dentro do líquido do cozimento por cerca de 4 horas. Passe para um recipiente limpo, tampe e leve à geladeira. Refrigere de um dia para o outro, ainda tampado, até a hora de usar ou por até 3 dias.

Para servir: Retire as peras da calda e corte-as ao meio. Retire o miolo com um boleador de melão ou uma faca de legumes. Coloque em um prato e cubra com a granita de queijo azul.

sorbet de morango com calda de vinagre balsâmico

Morangos e vinagre balsâmico combinam naturalmente, pois a doçura dos morangos é balanceada pela acidez do vinagre. Como o sabor do vinagre é importantíssimo, sempre utilize um de qualidade bem alta, o que pode ser um pouco caro. O custo maior, porém, vale a pena pelo resultado, além de que o vinagre poderá ser utilizado em muitas outras receitas. A receita de redução de balsâmico incluída aqui serve como substituta para o caso de você não encontrar vinagre balsâmico de boa qualidade.

{MÉDIO}

PARA O SORBET:

1,25 kg de morangos frescos, limpos e sem o miolo

¾ xícara (150 g) de açúcar refinado

2 colheres de chá (10 ml) de suco de limão-siciliano recém-espremido e coado

1 xícara (240 ml) de água

2 colheres de sopa (40 g) de morangos em calda natural ou geleia de morango

PARA A REDUÇÃO DE BALSÂMICO:

2 xícaras (475 ml) de vinagre balsâmico

1 figo seco, sem o talo

2 bagas de zimbro

1 grão de pimenta-do-reino preta

2 colheres de sopa (40 g) de mel

Para fazer o sorbet de morango: Coloque os morangos e o açúcar em uma tigela e misture bem. Cubra com filme plástico ou tampe e coloque na geladeira de um dia para o outro, mexendo de vez em quando para misturar o açúcar com o suco dos morangos.

Coloque os morangos macerados em um liquidificador ou um processador de alimentos, junte o suco de limão e bata até a mistura ficar lisa. Reserve até a hora de usar.

Coloque a água e os morangos em calda em uma panela média com fundo grosso e leve ao fogo médio. Deixe ferver, mexendo de vez em quando, até que a conserva se dissolva por completo, e continue fervendo por aproximadamente 1 minuto. Retire do fogo e deixe esfriar por pelo menos uma hora.

Junte o purê de morangos à calda já fria e misture bem. Despeje em um recipiente limpo, cubra com filme plástico e deixe na geladeira por pelo menos 8 horas.

Depois, coloque a mistura na sorveteira e processe de acordo com as instruções do fabricante.

Despeje o sorbet pronto em um recipiente plástico. Cubra com filme plástico, pressionando-o contra a superfície do sorbet, tampe o recipiente e coloque no congelador para endurecer bem antes de servir.

Rendimento: aproximadamente 1½ litro (900 g)

Para fazer a redução de balsâmico: Misture todos os ingredientes em uma panela pequena de fundo grosso em fogo médio e deixe ferver. Abaixe o fogo e cozinhe lentamente até que o líquido reduza à metade e fique com consistência de xarope levemente espesso. Retire do fogo e reserve até esfriar. A redução pode ser armazenada em um recipiente hermético na geladeira por até 2 meses.

CAPÍTULO OITO
coberturas e caldas

O que seria do gelato ou do sorbet (ou de qualquer sobremesa gelada, aliás) sem coberturas e complementos deliciosos? Estas receitas o livrarão das coberturas padrão, compradas prontas, cheias de conservantes, com as quais você está acostumado. A maioria dos clássicos está aqui, mas acrescente o que quiser! Uma das mensagens de despedida deste livro é: seja corajoso, não existe cobertura "errada", contanto que você goste dela.

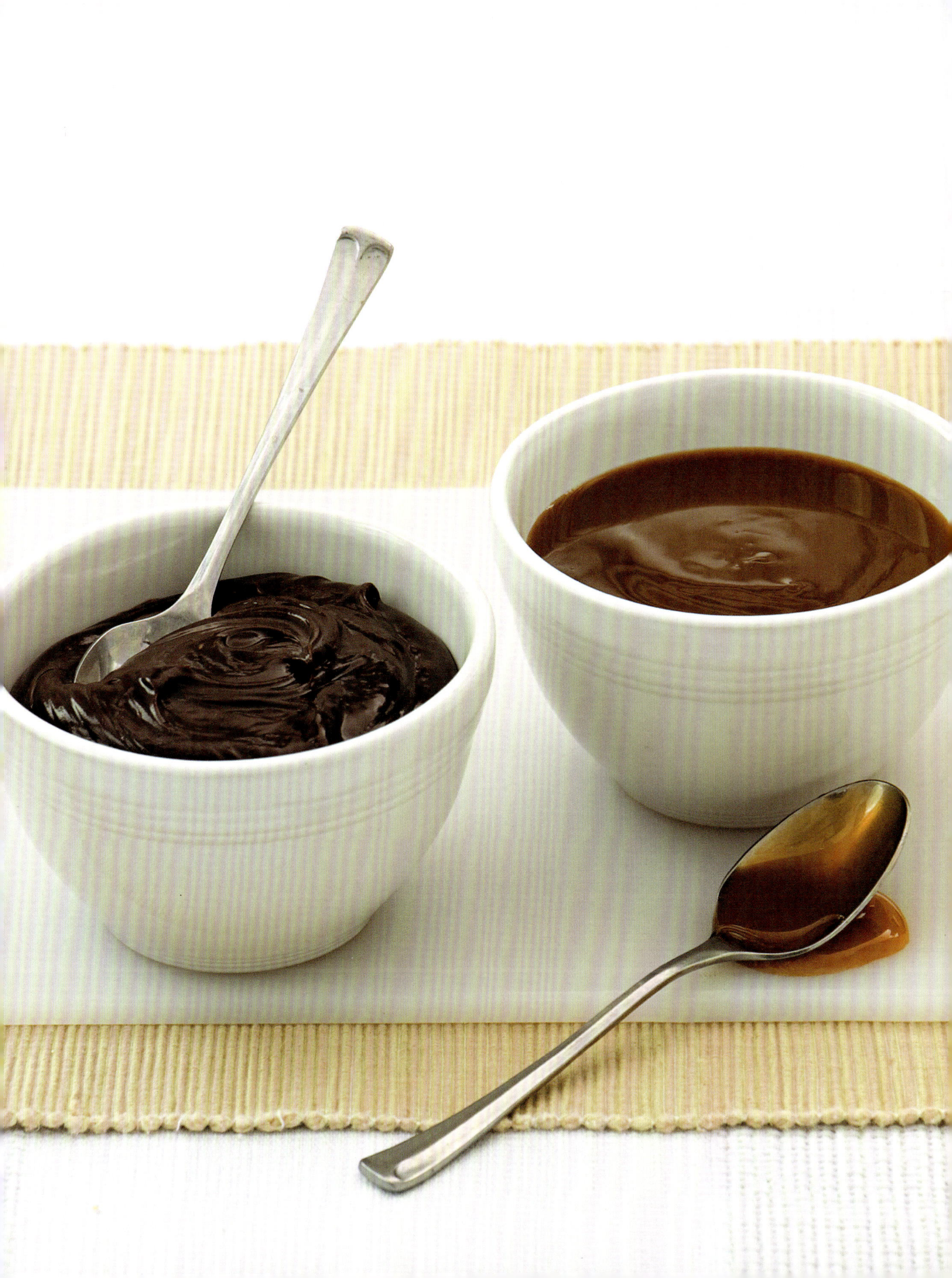

{FÁCIL}

⅔ xícara (160 mℓ) de creme de leite fresco com alto teor de gordura

½ xícara (176 g) de xarope de milho claro

¼ xícara (23 g) de cacau em pó não adoçado, de processo holandês

⅓ xícara compactada (75 g) de açúcar mascavo claro

115 g de chocolate ao leite

55 g de chocolate amargo

2 colheres de sopa (28 g) de manteiga com sal

½ colher de chá (2,5 mℓ) de extrato de baunilha puro

calda de chocolate tipo *fudge*

Esta calda é fácil de fazer e certamente se tornará uma de suas favoritas. Embora possua um sabor forte de chocolate, ela não é tão intensa quanto outras. Para aumentar o sabor de chocolate, use apenas chocolate amargo em vez da mistura com chocolate ao leite.

Coloque o creme de leite, o xarope de milho, o cacau em pó, o açúcar mascavo e o chocolate ao leite em uma panela média com fundo grosso e leve ao fogo médio. Misture bem e deixe ferver. Abaixe o fogo e cozinhe lentamente por cerca de 5 minutos, mexendo de vez em quando.

Retire do fogo e junte o chocolate amargo, a manteiga e o extrato de baunilha. Mexa até dissolver completamente e ficar homogêneo.

Deixe a calda esfriar um pouco antes de servir.

Você pode armazená-la em um recipiente hermético na geladeira por até 2 semanas. Aqueça antes de servir.

Rendimento: aproximadamente 2 xícaras (608 g)

{FÁCIL}

½ xícara (120 mℓ) de creme de leite fresco com alto teor de gordura

¾ xícara (175 mℓ) de leite integral

225 g de chocolate amargo bem picado

1 colher de sopa (14 g) de manteiga sem sal

calda de chocolate

Esta calda possui uma dose de sabor de chocolate, mas com uma textura mais leve que o *fudge*. Se a calda ficar muito espessa depois de esfriar, você pode adicionar leite ou creme de leite, 1 colher de sopa (15 mℓ) por vez, até atingir a consistência desejada.

Coloque o creme de leite e o leite em uma panela pequena de fundo grosso em fogo médio e deixe ferver.

Retire do fogo, junte o chocolate e misture até ficar liso e homogêneo. Incorpore a manteiga com um batedor até ser completamente absorvida. Deixe a calda esfriar um pouco antes de servir.

Você pode armazenar a calda em um recipiente hermético na geladeira por até 2 semanas. Aqueça antes de servir, se quiser.

Rendimento: aproximadamente 1½ xícara (450 g)

calda de caramelo

{MÉDIO}

2 xícaras (475 mℓ) de creme de leite fresco com alto teor de gordura

½ xícara (120 mℓ) de água

1 xícara (200 g) de açúcar refinado

Uma pitada de sal

1 colher de chá (5 mℓ) de extrato de baunilha puro

Trabalhar com calda quente de caramelo pode ser um desafio. Se você nunca fez caramelo antes, preste muita atenção e siga as instruções lentamente e com cuidado (veja na receita de gelato de caramelo, na p. 132, dicas para trabalhar com caramelo). Se quiser variar, substitua a baunilha por 3 colheres de sopa (45 mℓ) de uísque tipo bourbon. Além disso, para fazer uma calda mais amanteigada, acrescente 2 colheres de sopa (28 g) de manteiga com a baunilha ou o uísque.

Coloque o creme de leite em uma panela pequena de fundo grosso em fogo médio e aqueça até pouco antes da fervura. Retire do fogo e reserve até a hora de usar.

Coloque a água e o açúcar em uma panela média com fundo grosso e leve ao fogo médio. Deixe ferver, mexendo de vez em quando. Insira o termômetro de açúcar e cozinhe até que ele registre 174 °C. A mistura ganhará uma coloração marrom avermelhada.

Retire do fogo, tire o termômetro de açúcar e, com cuidado e lentamente, acrescente metade do creme de leite morno ao caramelo quente. Conforme despejar o creme, o caramelo borbulhará, quase levantando fervura completa. Quando isso diminuir, acrescente o restante do creme e misture com um batedor até ficar homogêneo.

Junte o sal e o extrato de baunilha. Deixe a calda esfriar um pouco antes de servir.

Você pode armazenar a calda em um recipiente hermético na geladeira por até 2 semanas. Se a calda ficar muito grossa na geladeira, você pode reaquecê-la um pouco para ficar mais líquida antes de servir.

Rendimento: aproximadamente 2¼ xícaras (738 g)

{FÁCIL}

4 colheres de sopa (55 g) de manteiga

¼ xícara (55 g) de óleo de coco

¼ xícara (60 g) de açúcar mascavo escuro

½ xícara (176 g) de xarope de milho claro

1 colher de chá (5 mℓ) de extrato de baunilha puro

1¼ xícara (156 g) de farinha de trigo

⅛ colher de chá (0,8 g) de sal

1 xícara (170 g) de minigotas de chocolate

pedaços de cookie com gotas de chocolate

Os amantes de biscoitos entendem a vontade de colocá-los em absolutamente tudo. Esta massa pode ser colocada dentro do gelato enquanto estiver colocando o gelato em uma travessa para endurecer no congelador, já que a maioria das sorveteiras caseiras não são potentes o bastante para incorporar os biscoitos quando o gelato está congelado e espesso.

Misture a manteiga com o óleo de coco e o açúcar mascavo em uma tigela e bata com uma batedeira até ficar liso e macio.

Junte o xarope de milho e o extrato de baunilha, e misture bem. Em outra tigela, misture a farinha e o sal. Deixe a batedeira em velocidade baixa enquanto adiciona a farinha à mistura de manteiga, até ficar homogêneo. Adicione as gotas de chocolate.

Transfira a massa para um pedaço de papel-manteiga, cubra com filme plástico e coloque na geladeira por 30 minutos.

Retire da geladeira e enrole na forma de um cilindro com cerca de 1,25 cm de diâmetro. Use uma faca afiada para cortar pedaços com 1,5 cm de espessura, coloque em uma assadeira gelada e ponha no congelador para endurecer até a hora de usar.

pedaços de brownie

Estes brownies são customizados para que possam ser misturados a um gelato ou um sorvete de qualquer sabor. Eles possuem mais óleo que um brownie normal, o que os mantém mais macios e gostosos de mastigar mesmo congelados. Brownies comuns, embora continuem deliciosos, tendem a ficar empapados e a perder sua textura característica no gelato.

{FÁCIL}

340 g de chocolate meio amargo de boa qualidade

8 colheres de sopa (112 g) de manteiga sem sal em temperatura ambiente

¼ xícara (60 mℓ) de óleo de canola

⅓ xícara mais 1 colher de sopa (280 g) de açúcar refinado

6 ovos

1 xícara (110 g) de farinha de trigo para bolos (cakeflour)*

Preaqueça o forno a 177 °C. Forre uma assadeira de 22,5 × 32,5 cm com papel-manteiga. Unte e enfarinhe o papel e as laterais da assadeira.

Pique ou quebre o chocolate em pedaços pequenos. Derreta em um micro-ondas ou em uma panela de fundo grosso em fogo baixo. Mexa até ficar uniforme. Despeje em uma batedeira. Deixe esfriar um pouco, até ser possível encostar nele.

Bata a manteiga e o óleo com o chocolate morno. Adicione o açúcar. Acrescente os ovos, um por vez, batendo até que a mistura fique mais leve. Incorpore a farinha em velocidade baixa. Não bata demais.

Despeje na assadeira. Asse a 180 °C por 35 a 40 minutos, ou até que o centro esteja quase cozido. Deixe esfriar ainda na assadeira. Passe uma faca pelas bordas e desenforme inteiro. Transfira para uma assadeira rasa e coloque no congelador até ficar duro. Retire do congelador, remova o papel-manteiga e corte em cubinhos. Congele os cubinhos até a hora de colocá-los no gelato.

Rendimento: cerca de 20 brownies, antes de cortar em cubinhos

*Para prepará-la em casa, para cada xícara de farinha de trigo, retire 2 colheres de sopa e substitua-as por 2 colheres de sopa de maisena (N.T.).

cobertura de frutas vermelhas

{FÁCIL}

2½ colheres de sopa (20 g) de fécula de araruta ou amido modificado

¼ xícara (50 g) de açúcar refinado

2 xícaras (290 g) de frutas, congeladas ou frescas

1 xícara (240 mℓ) de água

1 colher de chá (5 mℓ) de suco de limão-siciliano recém-espremido e coado

Esta cobertura possui textura similar ao recheio para tortas de fruta. Só não é tão doce, logo, é perfeita para colocar por cima do gelato. Você pode usar mirtilos, framboesas, amoras, morangos ou uma combinação dessas frutas, e os resultados serão bons.

O cozimento quebra as frutas e as transforma em uma calda lisa. Você pode dar uma consistência mais "pedaçuda" cozinhando apenas 1 xícara (145 g) de fruta e acrescentando o restante nos 5 últimos minutos do cozimento.

DICA › Prefiro usar amido modificado ou fécula de araruta ao amido de milho. Ambos são amidos mais refinados e, consequentemente, produzem uma calda espessa sem o sabor de amido que o amido de milho costuma deixar se não for propriamente cozido.

Misture a fécula de araruta e o açúcar em uma tigela com um batedor para incorporar e distribuir bem a araruta pelo açúcar.

Coloque as frutas em uma panela média de fundo grosso, junte a mistura de açúcar e mexa bem para cobrir todas as frutas.

Acrescente a água e coloque a panela em fogo médio.

Sem parar de mexer, leve a mistura à "fervura" (como é uma mistura espessa, ela não ferverá exatamente, mas dará a impressão de que está fervendo).

Assim que estiver borbulhando, abaixe o fogo um pouco e cozinhe por mais 4 minutos. A calda deve ficar translúcida.

Quando a calda não estiver mais opaca, prove para garantir que não há sabor residual do amido. Se houver, continue cozinhando por mais alguns minutos. Retire do fogo e deixe esfriar até ficar em temperatura ambiente.

Junte o suco de limão, despeje em um recipiente limpo e deixe na geladeira até resfriar completamente.

Você pode armazenar a calda em um recipiente hermético na geladeira por até 1 semana. Você pode usá-la fria ou aquecer antes de servir.

Rendimento: aproximadamente 2½ xícaras (850 g)

{FÁCIL}

2 xícaras (400 g) de açúcar

½ **xícara (120 mℓ) de água**

110 g de manteiga sem sal

⅓ **xícara (120 g) de xarope de milho**

¼ **colher de chá de bicarbonato de sódio**

½ **colher (chá) de sal kosher**

397 g de nozes-pecã levemente tostadas

crocante de castanhas

O crocante é uma guloseima doce e salgada por si só, mas também é perfeito como cobertura para qualquer uma das receitas deste livro. Substitua as nozes-pecã por qualquer tipo de castanha para criar outras versões.

Misture o açúcar com a água, a manteiga e o xarope de milho em uma panela grande e leve à fervura. Cozinhe em fogo médio, mexendo de vez em quando, até atingir 149 °C em um termômetro de açúcar. Retire do fogo e junte o bicarbonato de sódio e o sal. A mistura irá borbulhar. Adicione as nozes e coloque rapidamente a mistura para uma assadeira rasa forrada com uma placa de silicone antiaderente tipo Silpat ou papel--manteiga borrifado com *spray* culinário antiaderente. Espalhe a mistura rapidamente em uma camada uniforme. Deixe esfriar completamente antes de quebrá-la em pedaços.

fontes

Fontes e leituras recomendadas

Clarke, Chris. *The Science of Ice Cream*. Cambridge: RSC Publishing, 2004.

Corriher, Shirley. *Cookwise*. Nova York: HarperCollins, 1997.

Corvitto, Angelo. *Los Secretos del Helado*. Barcelona: Grupo Vilbo, 2004.

Giacobbi, Roberto. *Freddo e Gelato*. Bergamo: Gruppo Etabeta Editoriale.

Hazan, Marcella. *Essentials of Classic Italian Cooking*. Nova York: Alfred Knopf, 2000.

Johns, Pamela S. & Design, Jennifer B. *Gelato*. Berkeley: Ten Speed Press, 2000.

Lebovitz, David. *The Perfect Scoop*. Berkeley: Ten Speed Press, 2007.

Marshall, Robert; Goff, Douglas & Hartel, Richard. *Ice Cream*. 6ª edição. Nova York: Plenum Publishers, 2003.

McGee, Harold. *On Food & Cooking*. 2ª edição. Nova York: Scribner, 2004.

Parsons, Russ. *How to Read a French Fry*. Nova York: Houghton Mifflin, 2001.

Stogo, Malcolm. *Ice Cream and Frozen Desserts*. Nova York: John Wiley & Sons, 1998.

Weinstein, Bruce. *The Ultimate Ice Cream Book*. Nova York: HarperCollins, 1998.

Weinstein, Bruce & Scarbrough, Mark. *The Ultimate Frozen Dessert Book*. Nova York: William Morrow, HarperCollins, 2005.

Williams-Sonoma
www.williams-sonoma.com
Equipamentos de cozinha e suprimentos em geral

Sur la Table
www.surlatable.com
Equipamentos de cozinha e suprimentos em geral

Knife Merchant
www.knifemerchant.com
Uma boa seleção de todos os tipos de faca que você pode imaginar

Chocosphere
www.chocosphere.com
Chocolates do mundo todo

Newport Specialty Foods
www.newportspecialtyfoods.net
Uma grande variedade de ingredientes especiais

Kitchen Aid
www.kitchenaid.com
Sorveteiras, liquidificadores e mixers

Cuisinart
www.cuisinart.com
Sorveteiras, processadores de alimentos e mixers

World Spice Merchants
www.worldspice.com
Especiarias bem frescas

Saltworks
www.saltworks.us
Uma seleção variada de sais marinhos para criar combinações doces e salgadas

Guittard
www.guittard.com
Chocolate e cacau em pó de alta qualidade

Rival
www.rivalproducts.com
Fabricante de sorveteiras à moda antiga

Frontier Co-op
www.frontiercoop.com
Aromas, extratos e óleos essenciais orgânicos

Chef's Choice
www.edgecraft.com
Máquina para fazer casquinhas

índice remissivo

A
abacaxi, 58–59
açúcar, 18, 20, 21, 35
agentes de sabor, 25
álcool, 26–27
amadurecer frutas, 50–51
amendoim/manteiga de amendoim, 126
   gelato de amendoim tostado com *marshmallow*, 124–126
   gelato de manteiga de amendoim com chocolate, 130–131
amido modificado, 166
amora
   combinações com, 75
   sorbet de, 141
araruta, 166
avelã
   gelato de, 127–129
   sorbet de, 151

B
balança de cozinha, 47
balanças, 47
banana, 50, 75
batedor de arame, 43
baunilha
   gelato de baunilha madagascar bourbon, 88
   gelato de chocolate com baunilha, 101
   gelato francês de baunilha, 86–87
   retirar as sementes da baunilha, 71
Buonatali, Bernardo, 12

C
cacau em pó, 28
café
   combinações com, 75
   gelato de café *espresso*, 102–103
calda
   de caramelo, 163
   de chocolate, 162
   de chocolate tipo *fudge*, 162
cantaloupe, melão, 75
caramelo
   calda de, 163
   gelato de, 132–133
castanhas 32
   crocante de castanhas, 167
   tostar, 71
chocolate
   chocolate ao leite, 27, 112–113
   chocolate branco, 27
   chocolate meio amargo, 27, 118–120
   chocolate não adoçado, 27
   chocolate para cobertura, 27
   calda de chocolate tipo *fudge*, 162
   calda de, 162
   combinações com, 75
   gelato de, 100–101
   gelato de chocolate ao leite com pedaços, 112–113
   gelato de chocolate com baunilha, 101
   gelato de chocolate com canela e manjericão, 134–135
   gelato de chocolate com pimenta, 114–115
   gelato de chocolate meio amargo com laranja, 118–120
   gelato de creme com biscoitos, 106–107
   gelato de hortelã com chocolate, 110–111
   gelato de manteiga de amendoim com chocolate, 130–131
   pedaços de cookie com gotas de chocolate, 164–165
   pedaços de brownie, 165
   picar, 70–71
   sorbet de, 149
   stracciatella, 108–109
   tipos de, 27–28
cilindros pré-congelados, 39
cobertura de frutas vermelhas, 166
cobertura
   caldas, 162–163
   de frutas vermelhas, 166
coco, 143
colher de pau, 43
Coltelli, Procopio dei, 12
combinações de sabor, 72-75

complementos, 35
  brownie, 165
  cookie com gotas de chocolate, 164–165
  crocante de castanhas, 167
compotas, 64
  descascar frutas com caroço, 60–61
  endurecer, 68–69
  macerar, 50–51
  preparar frutas para um purê, 52–59
  purê, 61–63
  temperar gemas, 64–65, 67
  termômetros, 47
  textura, 22
  tostar castanhas, 71
  xarope de açúcar, 68
congeladores integrados, 39
congelamento, 16
conteúdo de água, 18, 20
copos e colheres de medida, 46–47
creme azedo, 35
creme da base, 66–67
creme de leite, 29

E

emulsão, 68
endurecer, 68–69
equipamento 36–47
escumadeira chinesa, 42
espátula, 43
especiarias, 35
espremedores, 45

F

facas, 43
figo, 75
Framboesa
  combinações com, 75
  gelato de, 82–83
frutas vermelhas, 52
frutas. *Veja também frutas específicas*
  amadurecimento de, 32
  caroço de, 54–57, 60–61
  cítricas, 57
  coar, 62
  com caroço, 54–57, 60–61
  com sementes, 52–53

compotas de, 64
descascar, 60–61
macerar, 50–51
não maduras, 50–51
preparar, 52–59
purê de, 61–63
vermelhas, 52

G

gelato caseiro, 14, 16
gelato de amendoim tostado com *marshmallow*, 124–126
gelato de baunilha madagascar bourbon, 88
gelato de café *espresso*, 102–103
gelato de creme com biscoitos, 106–107
gelato de creme irlandês, 92–93
gelato de gengibre cristalizado, 121–123
gelato de macadâmia, 104–105
gelato de mel com gergelim torrado, 94–95
gelato de pimenta-rosa, 116–117
gelato de pistache, 90–91
gelato francês de baunilha, 86–87
Gelato
  caseiro vs. profissional, 14, 16
  de amendoim tostado com *marshmallow*, 124–126
  de avelã, 127–129
  de baunilha madagascar bourbon, 88
  de brownie, 101
  de café *espresso*, 102–103
  de caramelo, 132–133
  de chocolate, 100–101
  de chocolate ao leite com pedaços, 112–113
  de chocolate com baunilha, 101
  de chocolate com canela e manjericão, 134–135
  de chocolate com pimenta, 114–115
  de chocolate meio amargo com laranja, 118–120
  de creme com biscoitos, 106–107
  de framboesa, 82–83

de gengibre cristalizado, 121–123
de hortelã com chocolate, 110–111
de licor de creme irlandês, 92–93
de limão com sementes de papoula, 96–97
de macadâmia, 104–105
de manteiga de amendoim com chocolate, 130–131
de mel com gergelim torrado, 94–95
de mirtilo com lavanda, 98–99
de morango, 84–85
de pêssego, 80–81
de pimenta-rosa, 116–117
de pistache, 90–91
definição, 14
endurecer, 68–69
francês de baunilha, 86–87
história do, 12–14
stracciatella, 108–109
gemas, temperar, 64–65, 67
gordura, 18, 20, 22
granita de queijo azul com peras cozidas, 156–157
granita *screwdriver*, 155
granitas, 136
de queijo azul com peras cozidas, 156–157
limão com hortelã, 153
screwdriver, 155
grapefruit (toranja)
combinações com, 75
sorbet de grapefruit com estragão, 145

H
hortelã
gelato de hortelã com chocolate, 110–111
granita de limão com hortelã, 153

I
ingredientes
componentes básicos, 18–25
essenciais, 25–35
profissionais, 16

qualidade dos, 25

L
laranja
gelato de chocolate meio amargo com laranja, 118–120
granita *screwdriver*, 155
laticínios, 29–31
lecitina, 30
leite de arroz, 31
leite de soja, 31
leite, 31
limão
granita de limão com hortelã, 153
sorbet de limão no coco, 143
limão-siciliano
espremer, 57
gelato de limão com sementes de papoula, 96–97
sorbet de limão Meyer, 147
liquidificadores, 40–41

M
maçã, 59, 75
macerar, 50–51
manga, 56–57, 75
manteiga, 29
melão, 75
mirtilo (*blueberry*)
combinações com, 75
gelato de mirtilo com lavanda, 98–99
mistura básica
emulsão, 68
maturação, 68
morango
combinações com, 75
gelato de, 84–85
sorbet de morango com calda de vinagre balsâmico, 158–159
morim, 129

N
nectarina, 61
nibs de cacau, 28
nozes açucaradas, 138–139

O

overrun, 22
ovos, 30

P

Pacojet®, 39
panelas, 40
passador, 42
pedaços de brownie, 165
peneiras, 40
pera
  granita de queijo azul com peras cozidas, 156–157
  sorbet de pera com mel e nozes açucaradas com cominho, 138–139
Pêssego
  descascar, 61
  gelato de pêssego, 80–81
processador de alimentos, 41
purê
  armazenar, 63
  fazer, 61–63

R

raladores, 44–45
recipientes de armazenamento, 47
Ruggieri, Guiseppe, 12

S

sabores doces, 74
sabores salgados, 74
sal grosso, 38
sal, 32, 38
secura, 16
sólidos, 18, 20, 22
sorbet
  conteúdo de água, 20
  de amora, 141
  de avelã, 151
  de chocolate, 149
  de grapefruit com estragão, 145
  de limão Meyer, 147
  de limão no coco, 143
  de morango com calda de vinagre balsâmico, 158–159
  de pera com mel e nozes açucaradas com cominho, 138–139
  endurecer, 68–69
  história do, 14
  sobre, 12, 136
sorveteiras à moda antiga, 36–38
sorveteiras profissionais, 39
sorveteiras, 14
sorveteiras, 14, 16, 36–39
stracciatella, 108–109

T

técnicas, 48–71
  creme da base, 66–67
  emulsão, 68
  maturação, 68
  picar chocolate, 70–71
  retirar as sementes da baunilha, 71
tigelas, 44

U

umami, 74
utensílios inovadores, 57
uva, 52

V

vodca, 155

X

xarope de açúcar, 68
xarope de milho, 29

Z

zabaione, 14

agradecimentos

Gostaria de agradecer a algumas pessoas que permitiram que este livro fosse possível. Em primeiro lugar, obrigado à Tina por me ajudar no processo de escrita e a manter o foco (de certa forma) nas tarefas importantes, assim como a interpretar minhas ideias de receitas não tão claras assim.

Obrigado também à Madeline por sua paciência infinita com minha total falta de organização no momento das sessões de fotos, e por ainda assim conseguir fazer os gelatos ficarem lindos. Agradeço à minha mãe, Marcia, por seus incessantes testes de receitas e comentários extraordinários.

Um agradecimento especial à toda minha equipe da Cold Fusion Gelato, por segurarem as pontas enquanto eu embarcava neste projeto. Do lado profissional, obrigado à Kathy e sua turma da Newport Specialty Foods por me manter suprido com uma fonte inesgotável de ingredientes durante o processo de criação das receitas; obrigado ao John McCabe e ao pessoal da Carpigiani USA por seus equipamentos e *expertise* e, finalmente, obrigado ao John Yodice da Fabbri North America por ser uma fonte constante de ajuda e conselhos desde aquele primeiro dia, seis anos atrás, quando pensei em mexer com gelatos pela primeira vez. Não posso esquecer de agradecer à minha editora, Rochelle Bourgault, que deve ser a pessoa mais paciente da face da terra por ter aguentando minha desorganização e total incapacidade de cumprir prazos de qualquer tipo.

E por último, mas não menos importante, gostaria de agradecer à Nola por seu amor, apoio e fé, tanto em mim, quanto neste nosso sonho de mexer com gelatos, que às vezes parece tão surreal.

sobre o autor

Torrance Kopfer é o proprietário da gelateria Cold Fusion Gelato em Newport, Rhode Island. Depois de estudar para ser violinista clássico, ele perseguiu a carreira corporativa por um tempo antes de fugir de Wall Street. Agora ele se diverte mais do que jamais imaginou enquanto prepara gelatos e sorbets em tempo integral. No seu tempo livre, quando há, ele gosta de praticar aviação, surfe e viajar. Ele mora com sua esposa em Boston. Visite seu site: www.coldfusiongelato.com.

sobre a fotógrafa

Madeline Polss é uma fotógrafa talentosa especializada em gastronomia e estilos de vida, e já contribuiu em vários livros e revistas, como *Gourmet*, *Food Arts*, *Modern Bride*, *Art Culinaire*, *Parenting*, *American Way* e *Wine Spectator*.

Ela também gosta muito de cozinhar, o que ajudou a atrair clientes do ramo logo no início de sua carreira e, assim, a desenvolver técnicas que são o seu diferencial. Sua paixão por comida e por estilos de vida, além de seu entusiasmo por viagens, fez com que ela se tornasse muito procurada por clientes interessados no seu estilo único.

Depois de ter trabalhado por muitos anos na Filadélfia, em Nova York e Houston, Madeline agora vive em Newport, Rhode Island, onde continua fotografando tanto em locações como no seu estúdio. Você pode conhecer mais do seu trabalho visitando o website www.mpolssphoto.com.